Talita Caldas

A IMPORTÂNCIA DE ADMINISTRAR CARTÓRIOS COM INDICADORES

São Paulo
2017

Editor: Fabio Humberg
Editora assistente: Cristina Bragato
Revisão: Humberto Grenes
Quadros e figuras: Alejandro Uribe
Capa: Osires

Dados Internacionais de Catalogação na Publicação (CIP)
(Câmara Brasileira do Livro, SP, Brasil)

Caldas, Talita
 A importância de administrar cartórios com indicadores / Talita Caldas. -- São Paulo : Editora CLA, 2017.

 ISBN 978-85-85454-80-7

 1. Brasil - Cartórios 2. Cartórios - Administração 3. Cartórios - Brasil - Indicadores 4. Planejamento estratégico I. Título.

17-09443　　　　　　　　　　CDD-658.01

Índices para catálogo sistemático:
 1. Brasil : Cartórios : Indicadores : Administração
  658.01

Grafia atualizada segundo o Acordo Ortográfico da Língua Portuguesa de 1990, que entrou em vigor no Brasil em 1º de janeiro de 2009.

Editora CLA Cultural Ltda.
Tel: (11) 3766-9015 – e-mail: editoracla@editoracla.com.br
www.editoracla.com.br

Disponível também em ebook.

Dedico este livro:

A Deus, pela oportunidade desta existência.

Ao meu marido e minha filha, pelo carinho e apoio em todas as fases de elaboração deste livro.

Aos meus alunos e ao Colégio Notarial do Brasil – SP, que me incentivaram a mostrar meus conhecimentos.

"Measurement is the first step that leads to control and eventually to improvement.

If you can't measure something, you can't understand it.

If you can't understand it, you can't control it.

If you can't control it, you can't improve it."

"Medir é o primeiro passo que leva ao controle e, finalmente, à melhoria.

Se você não pode medir algo, você não pode entendê-lo.

Se você não pode entendê-lo, você não pode controlá-lo.

Se você não pode controlá-lo, você não pode melhorá-lo."

H. James Harrington

ÍNDICE

PREFÁCIO 9

1. A SITUAÇÃO DAS SERVENTIAS EXTRAJUDICIAIS DO BRASIL 11

2. MUDANÇAS E EXIGÊNCIAS NO ASPECTO ADMINISTRATIVO DO CARTÓRIO 17

3. PLANEJAMENTO ESTRATÉGICO NAS SERVENTIAS EXTRAJUDICIAIS 19

    3.1 Barreiras do planejamento estratégico 22

    3.2 As três etapas do planejamento estratégico 25

    3.3 Foco no planejamento financeiro 27

    3.4 Não deu certo, e agora? 31

4. BALANCED SCORECARD (BSC) 35

    4.1 As quatro perspectivas do BSC 42

    4.2 O mapa da estratégia 45

    4.3 Etapas para criar o BSC 48

    4.4 O BSC funciona em pequenas empresas? 52

5. PESQUISA NO ESTADO DE SÃO PAULO 55

    5.1 Pesquisa quantitativa 56

    5.2 Pesquisa qualitativa: dois estudos de caso 58

6. ASPECTOS DA GESTÃO ADMINISTRATIVA DOS CARTÓRIOS 59

    6.1 Desafios administrativos ao tomar posse 60

    6.2 Desafios administrativos atuais 63

    6.3 Quantidade de departamentos e procedimentos principais .. 65

    6.4 O que deve ser monitorado e como é feito 67

6.5 O que é eficiência em cartório 70
6.6 Comprometimento da equipe 71
6.7 Análise SWOT 73
6.8 Concorrência 79
6.9 Objetivos para o curto-médio prazo 80
6.10 Realidade em termos de "gestão administrativa" 81
6.11 Percepção sobre a satisfação do cliente 82
6.12 Conhece e utiliza o planejamento estratégico 84
6.13 Quais indicadores seriam relevantes 84
6.14 Prós e contras da possível utilização do BSC 85

7. ANÁLISE DOS RESULTADOS **87**

8.CONCLUSÃO **107**

BIBLIOGRAFIA **117**

PREFÁCIO

*O livro **A importância de administrar cartórios com indicadores**, de autoria da administradora Talita Caldas, que gentilmente me convidou para prefaciá-lo, me trouxe um sentimento de entusiasmo, eis que não se resume a apresentar soluções para quem tem ou terá a tarefa de administrar uma serventia extrajudicial; a par disso, propõe uma reflexão sobre a responsabilidade que vai além do caráter de validade e eficácia jurídica dos atos praticados nas unidades de qualquer natureza, abordando a gestão das serventias por itens, de forma clara, precisa e moderna.*

Os candidatos à titularidade das delegações extrajudiciais, uma vez aprovados, passam a ter que "gerir um negócio" e, como tal, têm que lidar com produtividade, eficiência, lucratividade e outros que tais. Sua atuação, porém, não se limita a esses objetivos: para alcançá-los, há necessidade de planejamento e estratégias de gestão, temas amplamente focados pela autora.

Assim, de grande relevância é a obra, que permitirá aos candidatos, sobretudo àqueles que nunca laboraram em serventias extrajudiciais, compreender quão necessária se evidencia uma visão administrativa, baseada na utilização de análises que permitem não só a tomada de decisão bem fundamentada, como também o monitoramento da evolução econômico-financeira.

Mesmo os titulares já em exercício de unidades vão encontrar elementos e conceitos contemporâneos da administração para exercitarem maior controle e planejamento, valendo-se especialmente dos indicadores, de maneira a permitir que se antecipem aos problemas, objetivando melhorar os resultados e a qualidade do serviço.

Enfim, a obra, extremamente prática e em linguagem acessível, reveste-se de grande valia a todos os envolvidos: titulares, usuários e colaboradores.

João Bosco C. Godinho

Responsável administrativo e Substituto do 1º Tabelionato de Notas da Capital – SP

1. A SITUAÇÃO DAS SERVENTIAS EXTRAJUDICIAIS DO BRASIL

> A busca por resultados é paralela à busca por conhecimento.
> **Vicente Falconi**

Ao iniciar na atividade, os titulares de cartório, com formação quase sempre exclusivamente jurídica, passam a gerenciar as questões financeiras e administrativas da unidade que assumem, situando-se aí uma de suas maiores dificuldades. Isso porque, sendo os preços dos serviços fixados por lei estadual, o controle com vistas a uma gestão administrativa saudável deve ser focado nos gastos, para que o serviço prestado seja feito com maior eficácia e eficiência.

Salienta-se que ao titular do cartório cabe a responsabilidade **exclusiva** sobre o gerenciamento administrativo e financeiro da unidade extrajudicial, como previsto no artigo 21 da Lei nº 8.935/94.

Um dos motivos que justificam maior planejamento para a tomada de decisão é o fato de a atividade não proporcionar uma renda fixa todos os meses. Como as receitas e despesas são variáveis, diversos fatores podem alterar o resultado (convertendo provável lucro em possível prejuízo).

Diferentemente das empresas que são livres para estipular preços, repassar custos e vender seu produto em qualquer lugar do país, os cartórios são "empresas" com diversas limitações e especificidades.

Nesse contexto, sendo o cartório considerado uma empresa, o titular deve estabelecer sua estratégia, definindo o que pretende ou não fazer no âmbito interno e externo do mercado para garantir sua sobrevivência e lucratividade.

Administrativamente, por exemplo, os titulares devem:

- Manter as instalações físicas (mobiliário e equipamentos da unidade) em adequadas condições de utilização e acesso pelos usuários e pelos prepostos;
- Escriturar diariamente o livro-caixa, lançando receitas e despesas;
- Contratar, treinar e monitorar colaboradores, além de submeter sua serventia à fiscalização direta de um juiz de Direito corregedor designado pelo Poder Judiciário do Estado;
- E, em especial, cuidar da viabilidade econômico-financeira da serventia.

Diante do exposto, este livro sugere a aplicação de ferramentas administrativas que mensurem os resultados dos cartórios pela utilização de indicadores de desempenho. Dentre vários métodos do mercado, foi escolhido o *Balanced ScoreCard* (BSC) porque:

a) Está integrado em uma boa estrutura de planejamento estratégico corporativo;

b) Apresenta inúmeros casos de sucesso mundialmente, inclusive para pequenas e médias empresas;

c) É considerado uma ferramenta simples, pois possibilita o entendimento do que está se passando no negócio apenas olhando um gráfico ou um painel de informações.

d) É fácil e barato fazer um acompanhamento sistemático via Excel, uma vez decididos quais são os indicadores e como eles são atualizados.

Sabe-se que decisões orientadas por indicadores influenciam e impactam diretamente no desempenho organizacional. Assim, a utilização do BSC pode se traduzir em uma ferramenta de apoio dos gestores das serventias (e titulares de cartórios) com o propósito de alinhar os objetivos da organização ao gerar maior receita, controlar as despesas e mitigar os riscos da profissão.

Portanto, são abordados neste livro os seguintes assuntos:

- O cenário atual sobre gerenciamento dos resultados nos cartórios;
- Os passos para implantar o BSC em cartórios como um instrumento que fornece informações estratégicas baseadas em indicadores de desempenho;
- Possíveis limitações, prós e contras do BSC na realidade dos cartórios do Brasil.

De maneira geral, a imagem atual das unidades extrajudiciais remete a instituição burocrática e ultrapassada. Até mesmo entre os bacharéis de Direito tornar-se o delegatário é entrar no "mundo de altos ganhos e pouco trabalho".

Por isso, a classe deve se posicionar de forma profissional, dinâmica, transparente e competitiva, ocupando o lugar de importância que merece perante a sociedade, ou apenas o Estado será seu defensor, já que recebe um alto porcentual do valor arrecadado[1] de todos os cartórios.

O ingresso na atividade se faz por meio de concurso público para graduados em Direito, que passam por rigorosas provas escritas, avaliação psicológica e de vida pregressa, exames orais e de títulos. No Brasil, após a aprovação e nomeação, o titular do serviço inicia o exercício, passando a ostentar "fé pública" para a prática de atos extrajudiciais. No entanto, há casos em que os concursados aprovados nunca haviam trabalhado em cartórios (e nem em empresas) antes e aprendem todos os macetes administrativos na prática.

Ressalta-se que quem responde judicialmente por qualquer dano ao usuário (cliente) é o titular do cartório – mesmo que o ato seja praticado pelos colaboradores. É ele quem monitora e controla as rotinas e processos da organização, podendo contratar preposto pela Consolidação das Leis do Trabalho (CLT) como seu "substituto", que não precisa ser formado em Direito, nem ser concursado.

Para agravar o cenário, os titulares respondem com seu patrimônio

---

[1]. Segundo a *Revista Cartórios com Você*, na matéria "Para onde vai o dinheiro pago aos cartórios brasileiros?", no Estado de São Paulo o valor indicado foi de aproximadamente 38% com repasses legais e 40% com despesas de funcionamento.

pessoal pelos danos eventualmente causados a terceiros. Possuem, consequentemente, a responsabilidade civil de todos os atos praticados, estando sujeitos à responsabilidade trabalhista, criminal e administrativa; esta pode gerar advertência, suspensão, multa e até a perda da delegação.

Cumpre reconhecer, contudo, que nem todo titular que assume seu primeiro cartório é inexperiente na parte administrativa. Há os que possuem tino empresarial ou têm a possibilidade de estar rodeados de pessoas com alta capacidade administrativa. Ou, ainda melhor, alguns são autodidatas que estudam e executam os conceitos da Administração de forma a obter produtividade, eficiência e lucratividade.

Os autodidatas conscientes se diferenciam por conhecer suas limitações e comandar seu negócio com bom senso, sem reinventar a roda, e sem esperar a situação acontecer para depois buscar ajuda.

A Corregedoria Geral da Justiça do Estado de São Paulo fiscaliza e orienta a prestação de serviços, para que sejam feitos com qualidade, agilidade e segurança jurídica. Em âmbito nacional, tais atribuições são desempenhadas pelo Conselho Nacional de Justiça (CNJ). Contudo, sua atuação frequentemente é mais jurídica do que no âmbito da Administração, pois todo o grupo de corregedores é formado por excelentes conhecedores do Direito.

Lembra-se aqui que, caso haja alguma reclamação ou insatisfação, o usuário do serviço público deve recorrer ao juiz corregedor permanente do respectivo cartório ou à Corregedoria Geral da Justiça.

E, também, aplica-se o que está disposto no Código de Defesa do Consumidor. No entanto, mesmo fiscalizados pelo Poder Judiciário, os titulares possuem autonomia e independência na realização de suas funções.

As serventias extrajudiciais, em suma, garantem a segurança jurídica de todos os fatos relevantes da vida civil das pessoas: do nascimento ao testamento e óbito, da manifestação de vontade declarada na escritura à proteção do "sonho" da casa própria. Por isso, um direcionamento estratégico baseado em decisões orientadas por indicadores de desempenho, que valorize as ações do setor, é ainda mais importante.

2. MUDANÇAS E EXIGÊNCIAS NO ASPECTO ADMINISTRATIVO DO CARTÓRIO

> Aqueles que tomam decisões têm de adotar uma mentalidade diferente, que permita aprender como competir em ambientes extremamente turbulentos e caóticos, que provocam desordem e muita incerteza.
> **Michael Hitt**

O ritmo acelerado das mudanças nos ambientes econômico, social, tecnológico e político, associado à complexidade dos procedimentos que estruturam as organizações, demanda maior capacidade dos gestores/titulares para criar e implantar planos que os ajudem a superar os desafios do setor.

Essa adaptação exige assertividade e agilidade não só para enxergar as mudanças (ou tendências), como também para tomar um posicionamento perante a sociedade e, por que não dizer, perante a própria classe dos titulares.

A missão do cartório é conferir "segurança jurídica" aos principais atos jurídicos do dia a dia das pessoas. É ela que deve orientar os objetivos financeiros, humanos e sociais da organização, ao produzir documentos que transmitam credibilidade e que sejam aceitos onde quer que sejam apresentados.

Assim sendo, o sucesso na gestão da serventia não deve ser pautado apenas na lucratividade, pois também está em jogo uma série de fatores, para que o equilíbrio organizacional gere a sustentabilidade corporativa no longo prazo. Por exemplo: comprometimento, clima organizacional, satisfação dos clientes e procedimentos internos bem estruturados, entre outros.

Sucesso é ser reconhecido pelos usuários como indispensável e imediatamente lembrado quando se fala em seu produto ou serviço. A lucratividade vem como consequência. Seu cartório é assim? Caso o próprio titular não tenha a disponibilidade de estudar o tema, seria interessante delegar essa atividade a uma pessoa que faça isso por ele. Essa pessoa, dependendo das capacidades, poderá executar a tarefa sozinha ou pedir ajuda de consultores especializados em serventias extrajudiciais.

O tempo de esperar o cliente chegar, só olhar a conta do mês que terminou e desvalorizar a importância de administrar profissionalmente o cartório já passou. Hoje, os clientes, as equipes e até mesmo os novos aprovados e recém-nomeados nos concursos são mais exigentes. O trabalho pautado na ética, honestidade, confiança e qualidade não é simples nem fácil, mas a colheita no médio ou longo prazo é certa.

As mudanças constantes embasam a importância da estratégia. Por isso, existe a necessidade de um responsável que invariavelmente analise os fatores que influenciam seu negócio, a fim de determinar qual é o planejamento que fará seu cartório desempenhar melhor durante sua gestão (principalmente em tempos de incertezas e de dificuldades).

3. PLANEJAMENTO ESTRATÉGICO NAS SERVENTIAS EXTRAJUDICIAIS

Para Philip Kotler o planejamento estratégico é uma metodologia gerencial que permite estabelecer a direção a ser seguida pela organização, visando maior grau de interação com o ambiente. Segundo Paulo de Vasconcellos Filho, essa interação entre uma organização e seu ambiente pode ser positiva, neutra ou negativa, pois depende do comportamento assumido diante do contexto ambiental (muitas vezes determinado pelo perfil do gestor).

Quadro 1 – Qual é a interação da sua serventia?

GRAUS DE INTERAÇÃO	COMPORTAMENTO	CONSEQUÊNCIAS
NEGATIVO ⬇ (Dinossauro)	Não reagente Não adaptativo Não inovativo	Sobrevivência a curto prazo Extinção
NEUTRO ⬇ (Camaleão)	Reagente Adaptativo	Sobrevivência a longo prazo Estagnação
POSITIVO ⬇ (Homo Sapiens)	Reagente Adaptativo Inovativo	Sobrevivência a longo prazo Desenvolvimento

Fonte: Paulo de Vasconcellos Filho, livro *Planejamento estratégico: formulação, implantação e controle*.

O quadro da página anterior mostra que, quanto mais positiva for a interação com o meio ambiente, maiores são as chances de desenvolvimento da organização.

Embora seja sabido que a interação atual dos cartórios com a sociedade, de maneira geral, é negativa, visto que passa a imagem de um órgão burocrático, antigo, que não se atualiza com as modernidades e facilidades da informática, onde a pessoa só vai porque é obrigada, essa é uma instituição que não será extinta com facilidade, pois:

1. Cartórios não podem falir porque não são empresas privadas, mas órgãos delegados do serviço público, que desempenham funções públicas, sob fiscalização do Poder Judiciário, administrados por particulares.

2. Sua extinção demanda alteração constitucional e substituição por outro órgão ou atividade que desempenhe a mesma função de servir como fonte de segurança jurídica.

Assim sendo, cabe ao titular traçar os caminhos para alcançar seus objetivos via planejamento estratégico. Contudo, por esse ser um processo contínuo e complexo do presente sobre o futuro, deve ser readaptado e atualizado periodicamente a fim de se antecipar a determinadas mudanças e sofrer o menor impacto possível, obtendo resultados de forma mais segura e ágil.

Herman Alday discorre que, para defender o negócio diante das constantes mudanças, é necessário um processo de raciocínio explorador, e não determinístico, pois detalhados relatórios, planos de ação, cronogramas, e outras ações minuciosas não passam de uma "miragem intelectual" que fornece a ilusão de uma exatidão. Esta desvia a atenção do gestor/titular-executivo, fazendo com ele siga os planos em vez de explorar oportunidades (das quais a maioria não constará nos planos).

Nesse contexto, importante qualidade corporativa é a agilidade contínua, para que, em sintonia com as variáveis do seu ambiente, minimize as chances de encontrar "mudanças surpresa". Essa qualidade é mais facilmente encontrada nas pequenas e médias empresas, pelo menor nível de burocracia, ou seja, mais de 90% das serventias.

Peter Drucker reitera o que não é planejamento estratégico: não é uma caixa de mágicas nem um amontoado de técnicas; não é previsão, mas se faz necessário por não se ter a capacidade de prever; não opera com decisões futuras, mas com o que há de futuro nas decisões presentes; não é uma tentativa de eliminar o risco, contudo é fundamental que os riscos assumidos sejam os riscos certos.

Assim, o planejamento estratégico é importante porque visa responder às seguintes perguntas: onde estamos?; aonde queremos chegar?; e como sairemos da situação atual para a situação desejada?

Após tomar posse de um cartório, o titular deveria pensar de imediato nos benefícios do planejamento para a unidade que acabou de assumir, seja por provimento (ingresso) ou por remoção. De acordo com Cristina Boeck, os benefícios são:

a) Encorajar a pensar sistematicamente no futuro.

b) Melhorar a interação com a equipe.

c) Definir melhor seus objetivos e suas políticas.

d) Obter e aplicar os recursos necessários ao alcance de seus objetivos.

e) Fazer com que os membros realizem atividades consistentes em relação aos objetivos e procedimentos escolhidos.

f) Proporcionar padrões de desempenho fáceis de controlar.

g) Adotar ações corretivas, caso o resultado de uma ação não seja satisfatório.

Por outro lado, para alcançar tais benefícios, as principais barreiras da execução da estratégia precisam ser ultrapassadas. Segundo Robert Kaplan e David Norton, a execução do que foi planejado é o principal desafio para todos.

3.1 Barreiras do Planejamento Estratégico

Ao elaborar o planejamento, pesquise o erro dos outros, e atente para a pesquisa que mostra os quatro erros do responsável por elaborar a estratégia:

Barreira da Visão: quando falta a comunicação da estratégia para que toda a equipe entenda os objetivos do planejamento e os coloque em prática. Novas diretrizes estabelecidas apenas como "mais uma norma" não envolvem os colaboradores.

Pode-se dizer que essa é a principal barreira dos titulares, pois, se eles não valorizarem e compreenderem a importância do planejamento, será ainda mais difícil a execução por parte dos funcionários. É de extrema importância que o gestor não apenas defina as diretrizes, como também engaje todos os envolvidos.

Barreira Humana: quando há a falha em "engajar" os colaboradores na estratégia. Normalmente, incentivar a mudança por via de remuneração financeira funciona somente no curto prazo. Sugere-se que o incentivo seja feito por meio de um treinamento, elogio formal, almoço com a família ou escala de folgas-prêmio em pontes de feriado, ou outras ações que poderiam melhorar o comprometimento do funcionário.

Barreira Gerencial: quando falta o questionamento se o que foi executado na parte operacional e tática está de acordo com o planejado, ou se é necessário reavaliar as estratégias para a serventia.

É importante ressaltar que, se o próprio titular não consegue assimilar mais essa tarefa (pois são muitas responsabilidades), ele deve delegar a alguém que se responsabilize por estabelecer a cultura de planejamento e refletir sobre o direcionamento do cartório.

Nesse sentido, Larry Bossidy e Ran Charan afirmam que quando os gestores pensam "na execução" apenas de maneira tática eles estão falhando, pois deve haver sempre um líder envolvido para sua implantação, que leve "adiante o que foi decidido" e "assegure que as pessoas terão sua responsabilidade específica pela execução".

A execução deve ser coordenada, coerente com os objetivos e alinhada com todos da equipe para que os processos, os sistemas de trabalho e os sistemas de informação funcionem de forma consistente.

Barreira dos Recursos: quando faltam os recursos necessários para executar o plano de ação da estratégia. Infelizmente a maioria das serventias quer mudar, mas não reserva uma verba para isso.

Não menos importante, o CNJ também não enfatiza esse tipo de preocupação. Sendo assim, é importante vincular o planejamento estratégico à projeção do orçamento, e não apenas investir em meses de bom faturamento (para não pagar o imposto sobre a renda) porque somente com os devidos recursos alocados a tempo as oportunidades serão capturadas e os riscos, reduzidos.

Normalmente, a cultura da serventia reflete a prioridade do titular e mostra os pontos fortes e fracos do tipo de gestão exercido. O cuidado maior é que toda mudança cultural deve fazer sentido para todos da serventia. Peter Drucker já dizia: "a cultura devora a estratégia no café da manhã".

Ao elaborar o planejamento estratégico, segundo Isabel Ribeiro, a serventia decide "implantar organização, direcionamento e controle; maximizar seus objetivos; minimizar suas deficiências e proporcionar a eficiência".

Esse assunto vem ao encontro, portanto, das necessidades dos titulares que passam a gerenciar as questões financeiras e administrativas da unidade e precisam controlar os gastos, sem prejudicar a qualidade do serviço.

3.2 As três etapas do Planejamento Estratégico

As etapas indicadas para o planejamento estratégico são:

1ª etapa – **Diagnóstico:** levantar todos os aspectos internos e externos da serventia que possam interferir no resultado final, mediante:

a) Análise de missão, visão e valores.

- Missão organizacional: qual é a razão de ser do cartório atualmente.

- Visão organizacional: qual é o objetivo futuro do titular para a serventia. Aonde quer chegar? Como quer ser vista?

- Valores: representam os valores principais que devem nortear o comportamento dentro do cartório, seja internamente com a equipe ou no tratamento com o cliente.

b) Análise do "ambiente externo".

- É a identificação das melhores formas de evitar ameaças e de aproveitar as oportunidades do mercado ou região onde o cartório está localizado. É importante destacar que tanto as oportunidades quando as ameaças externas são consideradas variáveis que podem interferir na execução do plano estratégico e que sobre elas o cartório não tem nenhum controle.

c) Análise do "ambiente interno".

- É a identificação dos pontos fortes e fracos da serventia. Ponto forte é o que diferencia o cartório, ou seja, uma variável controlável, que proporciona uma vantagem operacional. Já o ponto fraco (também com uma variável controlável) é a situação que traz uma desvantagem operacional, como, por exemplo, um procedimento interno que apresenta falhas constantes.

d) Análise dos concorrentes (principalmente para os cartórios de notas).

- Monitorar sistematicamente os movimentos dos concorrentes e suas vantagens competitivas. Tanto os concorrentes diretos (outros cartórios, por exemplo, acompanhando a produtividade disponibilizada no *site* do CNJ), quanto os "alternativos" (empresas que não são serventias, mas que convencem seu público a gastar dinheiro com eles, porque satisfazem determinadas demandas da sociedade).

2ª etapa – Definir os objetivos estratégicos: com o estabelecimento de políticas e diretrizes para chegar à situação planejada.

e) Prescrever ações que devem ser realizadas para alcançar os propósitos estabelecidos em sua missão e sua postura estratégica, como:

- Estabelecer os objetivos estratégicos (já mapeados na análise dos ambientes internos e externos);
- Estabelecer as políticas funcionais (relacionando os níveis de delegação para a tomada de decisão);
- Estabelecer os planos de ação.

f) Definir os recursos (materiais, humanos, financeiros e administrativos) a serem utilizados em todas as atividades listadas nos planos de ação.

3ª etapa – Controlar e Avaliar: nessa fase verifica-se o *status* em direção à situação planejada ao: a) medir o resultado obtido; b) comparar o desempenho realizado *versus* o planejado; c) analisar os desvios dos objetivos; d) realizar ações corretivas; e e) acompanhar essas ações para avaliar a eficácia.

3.3 Foco no Planejamento Financeiro

Crise econômica, região desfavorecida, concorrência, entre outros fatores externos. Cenários assim fazem o gestor refletir em **como administrar melhor sua serventia**. O passo inicial é sempre estabelecer uma rotina financeira e administrativa.

Outro importante benefício do controle financeiro é descobrir oportunidades de ações preventivas e corretivas para corrigir "ralos", de forma a não prejudicar o titular, a equipe e, muito menos, o cliente.

No próximo capítulo será explicado como as finanças devem ser o resultado das outras ações dentro da metodologia do BSC, porque o foco único e imediato nela pode não ser sustentável.

Alguns podem dizer "saber de cabeça" todos os gastos (principalmente de cartórios pequenos e médios). De maneira formal ou informal, todos os cartórios fazem uso de algum instrumento que os auxilia em relação às receitas e despesas, por conta da obrigatoriedade do livro-caixa. Contudo, projeções informais não são válidas para a organização que deseja melhorar a gestão do numerário, pois dificultam o controle rígido e profissional da gestão.

Neste sentido, há uma observação para os que têm parentes na área financeira do cartório. O contexto pode ser positivo ou negativo. Tudo depende de como é feito o controle, e como são estabelecidas as regras internas. Isso porque as decisões realizadas com base emocional e afetiva impactam (diretamente ou não) na boa gestão.

Se ainda houver a presença do paternalismo generalizado, a resistência às mudanças, a falta de critérios para cargos e salários, entre outros, esse cenário exige uma visão estratégica urgente, em especial se o titular realmente estiver interessado na melhoria das finanças do seu cartório.

Algumas serventias deixam de realizar adequada gestão financeira por total falta de políticas bem estabelecidas (o que desde já é recomendado) ou por possuírem profissionais inexperientes (treinamento é fundamental) e sem conhecimento técnico para assumir o cargo (muitas vezes ocupados por amigos ou familiares), o que certamente vai interferir diretamente nos resultados.

Portanto, ao modificar a forma de controle financeiro também se modificarão os procedimentos internos e a política de gestão de pessoas, pois o gerenciamento de despesas de forma eficiente representa uma mudança de cultura organizacional; como toda mudança, requer persistência. E a persistência na direção correta sempre vem com recompensas.

O lado bom é que a saúde financeira é um dos fatores que determinam o sucesso da serventia, o tipo de gestão do titular e a motivação para continuar a investir internamente na estrutura e nas pessoas.

Mudanças positivas para a organização podem inclusive melhorar o engajamento da equipe. E, se um dia o titular sair da unidade (passar em outro concurso, por exemplo), seu legado ficará.

Um instrumento para gerenciar os recursos da serventia é a **análise do Fluxo de Caixa**. Com ela, podem-se elaborar estratégias para os prazos de pagamentos para honrar compromissos nas datas certas (fornecedores como água, luz, telefonia, internet, material de escritório, tonner, papéis e selos de segurança etc.).

Se o saldo for negativo, significa que a serventia tem gastos a mais. Nesse caso, o gestor/titular terá que rever os gastos para equilibrar as finanças. Por outro lado, um saldo positivo indica que a serventia está conseguindo pagar as suas obrigações e ter disponibilidade financeira. Para isso, é essencial que o sistema (Excel ou *software*) esteja sempre alimentado de informações atualizadas.

Outro instrumento para planejar os recursos da serventia é a elaboração do **Orçamento**. Os cartórios já possuem todos os dados necessários (receitas, impostos, gastos) para elaborar o planejamento financeiro: estão nos relatórios que são obrigatórios segundo a corregedoria. Alguns gestores podem questionar sobre como estimar a receita do cartório para o próximo ano (mercado de difícil previsão de demanda). Aqui, sugere-se trabalhar com o mesmo número do ano vigente.

Entretanto, acredita-se que poucos cartórios se planejam com um orçamento, e, por consequência, ficam sem definir metas, indicadores e iniciativas de relevância para melhorar os resultados da serventia. O orçamento é uma poderosa ferramenta para planejar as operações da serventia (de qualquer tamanho).

Não é raro ouvir, entre os delegatários, a frase "se tiver caixa, faremos". E ao dizer isso eles assumem que não têm um planejamento, e, nesse contexto, pode-se concluir que não estão gerindo a serventia de forma eficiente e eficaz.

Não realizar o orçamento de modo consistente poderá trazer apertos financeiros desnecessários; por exemplo: não projetar o aumento anual dos custos e despesas, como dissídio e reajustes sobre os serviços públicos, entre outros.

E a falta de planejamento, somada a um mês de baixa receita e a algum evento inesperado (rescisão de contrato de funcionário, roubo, enchente etc.), pode comprometer ainda mais a situação financeira do cartório.

Se existe um orçamento elaborado e alinhado entre o titular e sua equipe, muitas das decisões já foram tomadas no momento da elaboração do orçamento, ficando somente os eventos extraordinários a serem discutidos.

Uma terceira ferramenta financeira, que as serventias **não estão obrigadas** a fazer, é o **Demonstrativo de Resultado do Exercício (DRE)**, importante relatório de gestão financeira (baseado no Regime de Competência) que mostra a saúde financeira da unidade em determinado período de tempo. Observação: se o Portal do Extrajudicial estivesse organizado com a estrutura do DRE, muitos indicadores poderiam ser gerados e todos os titulares poderiam saber de fato o lucro ou prejuízo da unidade mensalmente.

Outro benefício do DRE é a realização de análises dentro do próprio mês (quantificar a despesa em relação à receita) e comparações de um mês para o outro (por exemplo, novembro em relação a outubro), além de poder extrair vários indicadores, como: lucro bruto em relação à receita líquida; total de despesas em relação à receita líquida; lucro líquido em relação à receita líquida; ponto de equilíbrio; lucratividade por departamentos; e lucratividade por escrevente. Todos esses indicadores criariam o histórico da serventia, gerando comparações, acompanhamento de valores de gastos, de receitas e fixação de metas para mensurar o desenvolvimento da serventia.

Com o DRE e com o orçamento, a serventia passa a trabalhar com **"modelo de gestão de resultados" ou "sistema de gestão de resultados"**, que fornecem indicadores para uma gestão mais adequada e segura, com foco em manter a boa saúde financeira do cartório.

Os exemplos acima são formas praticadas mundialmente em pequenas, médias e grandes empresas. E, sim, eles podem ser utilizados em cartórios que tenham seus dados organizados e atualizados.

3.4 Não deu certo, e agora?

Primeiramente, atenção à múltipla utilização de ferramentas de apoio ao planejamento estratégico. A disciplina de Administração de Empresas ensina diversas formas de elaboração ou revisão da estratégia. Ressalta-se que não existe ferramenta certa ou errada: tudo depende do contexto da serventia e do perfil de gestão do titular para aplicação da metodologia mais adequada.

Robert Kaplan e David Norton afirmam que essa "proliferação de ferramentas" introduzidas nos últimos 30 anos pode causar "rupturas no sistema de gestão" e, por consequência, ocasionar o fraco desempenho da estratégia. "A implantação das ferramentas vem sendo feita *ad hoc*, com pouco intercâmbio e coordenação, e, assim, não funcionam de modo eficaz – cuidado", dizem eles.

No caso de contratação de consultorias, tenha cautela com a sustentação após a consultoria. Os projetos após consultoria devem ser autogerenciáveis e sustentáveis. E não basta somente a consultoria deixar a serventia em condições de "andar sozinha"; o titular precisa ocupar esse lugar do "agente de mudanças" ou os esforços e investimentos podem não ter todo o retorno esperado.

Se a estratégia não der certo, é necessário refletir se não foi bem executada porque o responsável não foi capaz de fazer com que as ações planejadas acontecessem, ou se os desafios encontrados foram mal analisados (avaliados, formulados), ou ambos, segundo Larry Bossidy e Ran Charan.

Da mesma maneira, não é porque foi planejado que está "escrito na pedra". Notório conhecedor da Administração, Henry Mintzberg defende o uso das chamadas "estratégias emergentes", em que novas ações, durante a implantação do planejamento, revisam e, se necessário, redefinem a estratégia previamente traçada, seja por motivos internos ou externos. Ele declara que "o trabalho de um gestor não é apenas preconceber estratégias específicas, mas também reconhecer o surgimento delas em qualquer ponto da organização e intervir quando apropriado".

O autor define dois tipos de estratégias: a pretendida (que pode ser realizada ou não) e a realizada (que foi formalizada através de uma série de decisões, resultado das ações planejadas ou de novas ações, as emergentes).

Figura 1 – Estratégias

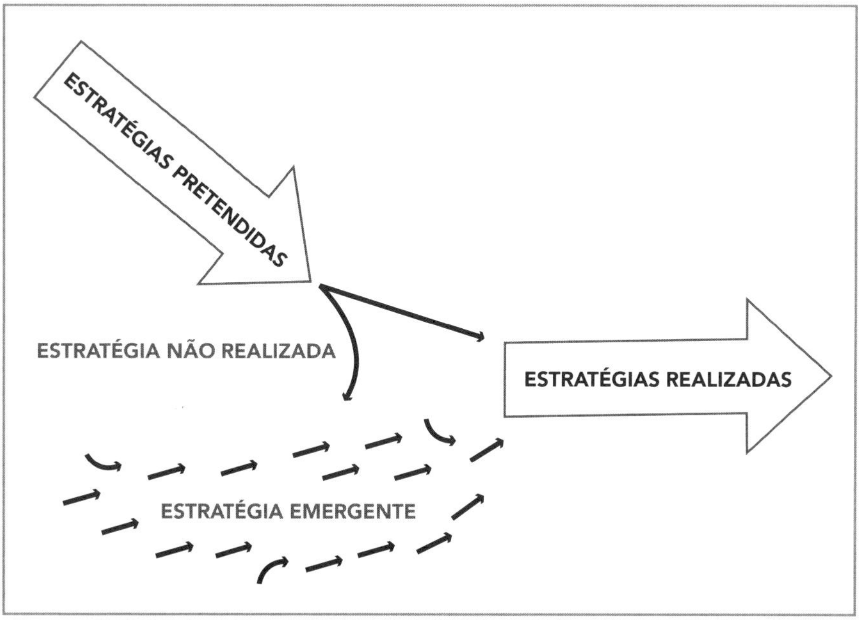

Fonte: Henry Mintzberg, livro *O processo da estratégia: conceitos, contextos e casos selecionados*.

4. *BALANCED SCORECARD* (BSC)

O que não é medido não é gerenciado.
Robert Kaplan e David Norton

O BSC começou como um painel para analisar o desempenho da organização e passou a ser também um sistema de planejamento e gestão, que traduz a estratégia organizacional em termos operacionais. A sigla pode ser traduzida como "Painel Equilibrado de Indicadores".

O estudo realizado por Robert Kaplan e David Norton foi publicado em 1992 na revista *Harvard Business*, sob o título *Measuring Perfomance in the Organization of the Future* (Medindo Desempenho na Organização do Futuro), como consequência do questionamento sobre a validade dos tradicionais métodos de análise e avaliação de desempenho das empresas, pautados somente nos indicadores financeiros, e, portanto, limitados ao traduzir o desempenho organizacional, porque: fornecem um retrato estático de decisões passadas; e não interagem com as estratégias da empresa.

De acordo com o *site* oficial do BSC Institute, há mais de duas décadas o BSC é largamente utilizado no mundo dos negócios e da indústria, governo e organizações sem fins lucrativos em todo o mundo com a finalidade de:

1. Alinhar a estratégia dos negócios;
2. Melhorar a comunicação interna e externa;
3. Monitorar o desempenho da organização em relação aos objetivos estabelecidos.

Foi publicado nesse *site* que "o *Balanced Scorecard* também foi selecionado pelos editores da *Harvard Business Review* como uma das ideias de negócios mais influentes dos últimos 75 anos".

O diferencial do BSC é que esse método considera indicadores financeiros e não financeiros. Sabe-se que somente os indicadores financeiros não refletem a realidade do ambiente atual justamente por olhar o passado e não levar em consideração o desempenho dos fatores intangíveis. E são esses fatores que, segundo Robert Kaplan e David Norton, influenciam a rentabilidade no longo prazo (valor futuro), como, por exemplo, a satisfação do cliente e o desenvolvimento do colaborador.

Indicadores financeiros: os indicadores financeiros são importantes para garantir a saúde financeira do cartório, a tranquilidade do titular, que por consequência influenciam favoravelmente na avaliação dos órgãos fiscalizadores e na satisfação dos próprios clientes, pois haverá recursos financeiros para investimentos e crescimento.

Alguns indicadores financeiros aplicáveis a cartórios são:

- Lucro bruto: mostra a diferença positiva entre a receita líquida do cartório (após pagamento do ISS) e o custo de funcionamento (salário, selo, papel e outros). Assim, ao acompanhar a variação do lucro bruto, a variação dos custos também é acompanhada.

Por exemplo, se o lucro bruto foi 40% da receita líquida, os custos representam 60% da receita líquida.

- Lucro operacional: é obtido por meio da diferença entre o lucro bruto e as despesas operacionais (todas as despesas[2] comerciais, administrativas e financeiras que contribuem para a manutenção da atividade do cartório).

- Despesas em relação à receita líquida: apresenta o quanto da receita líquida foi direcionado para pagar todas as despesas da serventia.

- Lucro líquido em relação à receita líquida: mostra qual é a participação do lucro a cada real (da receita líquida) de atos que foram prestados na serventia. Pode também ser chamado de Margem Líquida.

- Ponto de Equilíbrio ou *Break-Even-Point*: apresenta o valor mínimo necessário para cobrir os custos e despesas do cartório, ou seja, ficar no zero a zero e não ter prejuízo.

- Análise Vertical: mostra o quanto cada conta de Custos ou Despesas representa dentro da Receita Líquida de um determinado mês e identifica as contas que estão impactando o resultado da serventia.

- Análise Horizontal: identifica a proporção entre o aumento ou diminuição de Receitas, Custos e Despesas ao longo do tempo. É utilizada para fazer análise de um mês para o outro, ajudando a verificar a evolução dos números mensalmente e a encontrar desvios.

---

2. Para calcular corretamente esses indicadores, é importante saber a diferença entre custo e despesa. Custos são todos os valores gastos para realizar o ato jurídico. Exemplo: salários dos funcionários, folha de segurança, selos e assim por diante. Despesas são gastos que acontecem independentemente dos serviços executados. Exemplo: aluguel, água, tarifa bancária, dentre outros.

- ROI ou Retorno sobre o Capital Investido: esse índice financeiro mede o retorno de determinado investimento realizado para então começar a gerar lucro. Ele também reflete a estratégia de investimento do titular, ou seja, se faz uso mais produtivo do capital, da tecnologia, se elimina ativos pouco rentáveis, assim como identifica investimentos economicamente mais atraentes.

Os indicadores financeiros são fortemente afetados pelas variáveis macroeconômicas e pelos ambientes competitivos. São também de grande utilidade para alcançar os objetivos da serventia.

O indicador não financeiro é uma medida tanto qualitativa quanto quantitativa que não será expressa em valor monetário. Esses indicadores embasam as tomadas de decisões relacionadas à satisfação de clientes, à qualidade dos atos prestados, retenção e fidelidade dos clientes.

Seguem alguns exemplos de indicadores não financeiros:

- Qualidade: tem o objetivo de assegurar os resultados esperados (ou acordados). Devido à velocidade da informação, das mudanças e dos concorrentes, os clientes exigem uma nova postura, por isso estabelecer uma gestão de qualidade é fundamental. Dois indicadores de qualidade importantes são:
    - Índice de falhas ou retrabalhos mensais (quantidade de erros percebidos internamente, pelo titular ou pela equipe).
    - Quantidade de queixas ou reclamações mensais dos clientes.

- Produtividade: medir desempenho em função da produtividade consiste em selecionar um conjunto de indicadores capazes de identificar como a produção e desempenho se relacionam ao custo; qualidade; rapidez; credibilidade; inovação; entre outros. Ter bom desempenho em <u>custo</u> significa produzir com qualidade a um menor preço (por exemplo, utilizando menos tempo e menos recursos materiais). Ter <u>qualidade</u> em um processo assegura bons resultados aos clientes, que não reclamarão do serviço prestado e terão o documento correto com fé pública. Ter <u>rapidez</u> refere-se ao tempo de resposta no atendimento às informações solicitadas pelos clientes, aumentando a <u>credibilidade</u> da serventia perante o cliente. A <u>inovação</u> refere-se a gerar condições para que o serviço seja feito de uma forma diferente, que seja mais rápido, mais seguro ou menos custoso (dentro dos aspectos legais). Alguns indicadores de produtividade são:

- Número de atos realizados por funcionário por mês.

- Verificação da qualidade de atos (mesmo que por amostragem) por mês.

- Porcentual da folha de pagamento no custo total.

- Porcentual do faturamento aplicado em melhorias para facilitar a produtividade.

• Satisfação do cliente: conhecer as preferências e atitudes do cliente é necessário para qualquer negócio atualmente e pode se tornar uma grande vantagem competitiva, dependendo de como os dados são utilizados. Quando um titular opta por conquistar o cliente, deve pensar em: qualidade, disponibilidade, funcionalidade, serviço e imagem da marca. Alguns exemplos de indicadores são:

- Índice de qualidade dos serviços prestados (verificado em pesquisa Servqual, método da década de 1980 que determina a "lacuna" entre o serviço esperado pelo usuário e o efetivamente realizado no cartório).

- Número de reclamações do cliente (por qualquer meio de comunicação).

- Tempo de resposta ao pedido do cliente.

- Recursos Humanos (RH): considerando que a maioria das organizações rentáveis é cobrada no sentido de produzir cada vez mais e melhor, é essencial que os recursos humanos sejam utilizados de maneira racional, e que mecanismos de avaliação de desempenho tragam melhorias na qualidade do serviço. A avaliação do desempenho individual reproduz o retrato fiel do comportamento de cada colaborador em situação de trabalho, que, ao se desenvolver, também desenvolve a organização. Alguns indicadores podem identificar quantitativamente o efeito da política de RH no cartório:

- Número de cursos de aprimoramento por funcionários.

- Porcentual dos custos de treinamento em relação ao custo total de pessoal.

- Porcentual dos custos de treinamento em relação à receita bruta ou líquida.

- Número de sugestões de funcionários.

- Porcentual da folha de pagamento mais encargos sobre receita bruta ou líquida.

- Porcentual da receita bruta ou líquida sobre número de funcionários.

- Informações geradas pelos sistemas de TI: é muito importante que cada cartório tenha um sistema de controle e gerenciamento de dados, para que esses dados se transformem em informação, conhecimento e inteligência para embasar o processo decisório do titular. Cada cartório tem seu sistema mais ou menos complexo. O que é impensável é acreditar que todas as informações são guardadas e processadas somente "na cabeça do titular", ou pior, que não há necessidade de ter um controle por programas (mesmo que seja de uma planilha Excel), para avaliar todas as informações ao passar do tempo e identificar alternativas que poderão impactar no desenvolvimento do cartório. Um bom programa (sistema de TI) apresenta em gráficos automatizados a situação de todos os setores do cartório: finanças, clientes, procedimentos, pessoas. As informações desse programa devem acrescentar conhecimento sobre o negócio e orientar novas tomadas de decisão. Será impossível ter o BSC no cartório sem um sistema de informação que concentre e organize os dados, afinal o cartório (e qualquer empresa que atenda a uma demanda da sociedade) é maior que o próprio titular.

Alguns indicadores que medem o desempenho da informação são:

- Quantidade de sistemas de TI presentes no cartório.
- Índice de confiabilidade de sistemas de TI.
- Índice de performance dos relatórios.

Por exemplo: imagine a importância (e facilidade) de ter em seu cartório uma ferramenta que gere automaticamente relatórios com indicadores financeiros, dados para serem exportados ao Portal do Extrajudicial, ao carne-leão, ao IRPF, indicadores de análise vertical e horizontal do DRE (demonstrativo de resultado), entre outros, sem que o titular perca tempo adicionando os mesmo números em lugares diferentes?

Sobre a escolha de indicadores, Paul Niven ressalta que os gestores devem optar apenas por alguns indicadores, para facilitar a compreensão pela equipe. Ao escolher mais de cinco indicadores, corre o risco de dificultar ainda mais a execução.

Vicente Falconi salienta que as organizações precisam de indicadores simples e transparentes (ainda que imprecisos) que meçam numericamente o desempenho.

O fato de existirem indicadores já pode ser considerado uma vitória e um grande avanço. Não interessa se são perfeitos ou imperfeitos ou, ainda, que possamos, no futuro, melhorá-los. Tudo é sujeito a críticas. O importante é que eles existem e movem o desenvolvimento corporativo no sentido da melhoria contínua. É essencial o domínio de conhecimentos em gestão.

4.1 As quatro perspectivas do BSC

Segundo Robert Kaplan e David Norton, o BSC é composto por quatro perspectivas:

1. Financeira.
2. Cliente.
3. Processos internos.
4. Aprendizagem e crescimento.

Kaplan e Norton admitem o uso de outras perspectivas, desde que essenciais para a estratégia da organização, e com o cuidado de não perder o foco.

Gabriel Guedes e Raquel Muniz apresentaram nos anais do II Simpósio Internacional de Gestão de Projetos, em 2013, o trabalho "*Balanced Scorecard* e Gestão por Competências na Administração Pública", que define:

- **A perspectiva financeira:** é aquela que orienta as demais perspectivas, pois cada tomada de decisão relacionada às outras perspectivas faz parte de uma cadeia de relações de "causa e efeito" que resultam na melhoria financeira.

- **A perspectiva dos clientes:** é a mais importante, pois representa a fonte da receita. Portanto, a organização deve acompanhar de perto todo o desempenho relacionado ao cliente (seja por índices de satisfação, de retenção ou de captação).

- **A perspectiva dos processos internos:** é a parte relacionada à criação de valor (diferencial), em que o gestor deve repensar "como" são executadas suas atividades, iniciando pela inovação (criatividade) nos processos, desde que possível de operacionalização, e finalizando com o serviço pós-venda (pesquisa de satisfação) em busca da melhoria contínua.

- **A perspectiva de pessoas e sistemas:** reflete a capacidade de execução dos processos internos mencionados acima. A criação de valor depende tanto de bons sistemas (*softwares* ou planilhas) quanto de bons profissionais na equipe. É considerada como "propulsora" do crescimento da organização e do desenvolvimento das outras perspectivas. Sem a base sólida, os procedimentos não são bem executados, os clientes não ficam satisfeitos e o impacto é financeiro.

Figura 2: Modelo de BSC

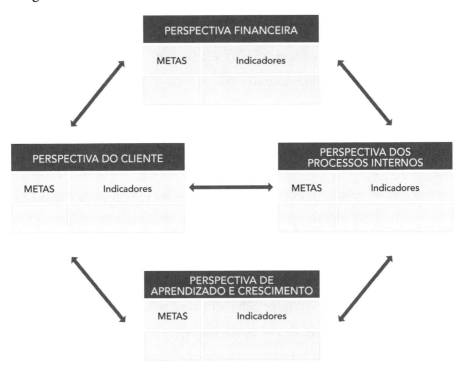

Fonte: Kaplan e Norton, livro *Kaplan e Norton na prática*.

4.2 O Mapa da Estratégia

Ao combinar todas as perspectivas, obtém-se o que Kaplan e Norton chamam de Mapa Estratégico, que é a representação visual para gerenciar a estratégia de forma mais eficiente, conforme figura abaixo.

Figura 3 – Mapa para reduzir gastos com material de escritório

4 PERSPECTIVAS	VIABILIDADE ECONÔMICA	ACOMPANHAR/ MEDIR INDICADORES
FINANCEIRO	• Diminuir gastos	• Redução de gastos com materiais de escritório por mês.
CLIENTES	• Realizar atendimento eficiente ao cliente	• Atendimento com utilização dos recursos mínimos necessários durante um mês.
PROC. INTERNOS	• Revisar procedimentos de compras • Renegociar custos	• Revisar valores e quantidades de todos os fornecedores em 3 meses. • Renegociar com todos os fornecedores em 1 mês.
APRENDIZADO	• Alinhar comunicação • Treinar equipe	• Medir grau da mudança esperado vs realizado durante 3 meses.

Fonte: Figura elaborada pela autora.

O mapa estratégico mostra as relações de "causa e efeito" (de baixo para cima), iniciando nas variáveis da perspectiva de aprendizado (para entender como a organização deve aprender e melhorar para o futuro?), o que elas influenciam na perspectiva dos "processos internos" (para satisfazer nossos clientes, em quais processos devemos ser excelentes?), e estes, por sua vez, na perspectiva dos clientes (como devemos cuidar de nossos clientes e melhorar o atendimento futuro?). Ainda, dependendo da reação causada no cliente, chega-se ao objetivo traçado na perspectiva "financeira", o topo do mapa e consequência das outras perspectivas (se formos bem sucedidos, como seremos vistos pelos "acionistas"?). Para cartórios, os acionistas são todos os grupos que têm interesse em uma gestão salutar.

O resultado de "causa e efeito" entre as variáveis avalia a trajetória da estratégia e conecta os ativos intangíveis a processos que criam valor, ou seja, transforma os ativos intangíveis (pessoas, sistemas e procedimentos) em resultados tangíveis para os clientes e, **por consequência, em resultados financeiros para o cartório.**

É necessário ressaltar que, com exceção de alguns indicadores contábeis e operacionais, não existe um conjunto de indicadores padronizados. Assim é porque cada empresa tem uma missão, visão, estratégia e, portanto, um conjunto de indicadores mais assertivo à realidade do negócio (por tamanho, por número de funcionários, por economia da região etc.).

Logo, os indicadores (*scorecards*) devem ser estipulados de acordo com cada organização, desde que estas medidas expressem claramente a estratégia de longo prazo[3] da serventia.

Segundo Robert Kaplan e David Norton, sem quaisquer tipos de indicadores, índices ou metas para direcionar os esforços não há como buscar a excelência organizacional, pois é impossível medir o progresso.

---

3. Ou no prazo determinado pelo titular, pois se sabe que alguns estão temporariamente alocados nas delegações, uma vez que o objetivo maior é prestar o concurso de remoção. Espera-se que o profissional busque a melhoria contínua no prazo previamente planejado, para que os serviços oferecidos aos usuários finais não sejam afetados pelos objetivos particulares do gestor.

Quadro 2 – Exemplos de indicadores do BSC para cartórios

Perspectiva	Área	Indicador	Objetivo	Índice (fórmula)	Explicação	Objetivo Estratégico
Financeira	Custos	Variação dos Custos (VC)	Analisar a diferença entre custos planejados (CP) para o mês e os efetivamente realizados	VC = CP-CR	Identificar onde foi gasto além do planejado para que providências sejam tomadas	Gerir os recursos disponíveis
Cliente	Qualidade	Satisfação do cliente por processo	Verificar quais processos estão funcionando	Somatório das pontuações por processo, por mês	Ao aplicar a pesquisa por processo, é possível identificar os pontos de melhoria	Envolver todos da equipe para melhorar o atendimento
Procedimentos internos	Prazos	Desempenho de Entrega (DE)	Medir qual foi o prazo provisionado (PP) em relação à data de entrega (E)	DE = E / PP	Ao verificar o atendimento do prazo, é possível identificar os "gargalos" e o que pode ser melhorado	
	Qualidade	Falhas dos atos (F)	Medir a quantidade de falhas geradas (FG) por total de atos (TA) feitos no mês	F = FG / TA	Entender a causa da falha, mensurar seu impacto, verificar se precisa de treinamento e enfatizar atenção	Minimizar o risco de responsabilidade civil
Aprendizado e Crescimento	Recursos Humanos	Satisfação da Equipe	Verificar clima interno e alinhar expectativas	Somatório das pontuações de pesquisa	Identificar quais são os pontos que precisam ser tratados por funcionário	Manter a equipe motivada e treinada

Fonte: Quadro elaborado pela autora.

Os indicadores podem ser usados como gatilhos para a implantação de planos de contingência ou de ações corretivas ou ainda de revisão do objetivo anterior. Para exemplificar, o Quadro 2 mostra alguns tipos de indicadores que, em tese, poderiam ser utilizados nos cartórios. Lembrando que os indicadores devem refletir os principais objetivos estratégicos estabelecidos dentro do planejamento de cada serventia: cada caso com a sua análise detida.

Ressalta-se que a principal função do indicador é divulgar de maneira clara uma situação específica que se deseja analisar. Ele apresentará as propriedades mensuráveis dos processos, serviços ou do ambiente que forem relevantes para o cartório acompanhar, avaliar e melhorar.

Dos índices (valores apresentados em determinado momento), é possível estabelecer padrões e metas. Padrões são índices usados como referência desse indicador (pode ser com base no histórico ou no padrão do mercado). E a meta é o índice desejado para se alcançar em um período específico.

4.3 Etapas para criar o BSC

Talita Bernardi desenvolveu seu mestrado sobre a aplicação do BSC para pequenas e médias empresas. Após extenso estudo sobre a melhor forma de implantação, para que fosse desenvolvida de maneira simples, e que propiciasse uma visão abrangente, clara e detalhada de todas as etapas envolvidas do BSC, ela utilizou o método de nove etapas, a seguir:

1ª: Pensamento estratégico.

2ª: Criação de um ambiente de equipe.

3ª: Levantamento dos pontos críticos.

4ª: Criação de metas.

5ª: Indicadores de desempenho.

6ª: Treinamentos.

7ª: Divulgação dos resultados.

8ª: Análise dos resultados.

9ª: Questionário de aceitação.

Para servir como guia para as serventias extrajudiciais, a autora fez a seguinte adaptação:

Figura 4 – Método proposto para implantação do BSC em PME

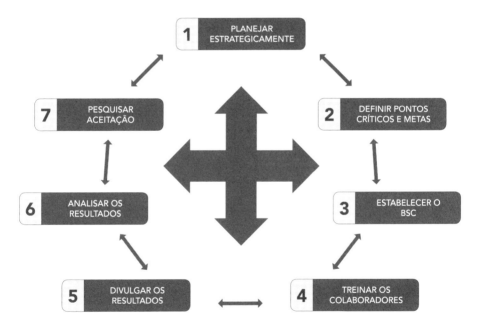

Fonte: Adaptado pela autora, a partir de quadro do artigo *"Balanced Scorecard*: estudo de caso em pequena empresa", de Talita Bernardi.

As setas bipolares representam que as etapas podem ocorrer simultaneamente e que a alteração em uma delas pode interferir nas demais.

Na **primeira etapa**, deve-se elaborar o planejamento estratégico (conforme explanado anteriormente, no item 3.2, "As três etapas do planejamento estratégico").

Na **segunda etapa**, ou durante a "fase de controle e avaliação" do planejamento estratégico, é feita a análise dos fatores críticos (que possivelmente determinaram os desvios dos objetivos). Nessa fase é necessário: a) estabelecer as metas de curto prazo[4] (ações corretivas) para a implantação do BSC; b) responsabilizar-se pelas medições e análises dos indicadores.

Na **terceira etapa** são desenvolvidos os indicadores de desempenho (*scorecards*) das metas de curto prazo, para avaliar numericamente o funcionamento dos processos dentro das quatro perspectivas do BSC mencionadas anteriormente. Lembre-se de que "os indicadores serão eficazes se forem formulados de maneira a serem mensuráveis e exercerem influência sobre os gerentes e colaboradores", como aponta Hubert Rampersad. Nessa fase podem-se traduzir os objetivos estratégicos em um "mapa estratégico" vinculado aos indicadores do BSC.

Na **quarta etapa**, os colaboradores devem ser treinados com o objetivo de obter o engajamento da equipe e alinhar a organização com os *scorecards*, mostrando: 1) os benefícios do BSC e do monitoramento dos indicadores, pois "o que não é medido não é gerenciado" (como dizem Robert Kaplan e David Norton); e 2) como os indicadores (resultados

---

4. A orientação é começar por metas de curto prazo, para que a equipe perceba o mais rápido possível as vantagens dos indicadores, e então criar um ambiente de motivação e comprometimento.

mensurados pelos *scorecards*) devem ser interpretados e quais são as metas, por setor do cartório e da organização como um todo.

Na **quinta etapa**, o resultado do BSC deve ser periodicamente divulgado nos quadros de avisos e/ou nas reuniões de revisões das ações de melhoria.

Na **sexta etapa**, reuniões de análise do alcance das metas devem ser lideradas pelo gestor do cartório. Para Robert Kaplan e David Norton: "se pensarmos em estratégia e resolução de problemas sob a ótica do ciclo PDCA (sigla em inglês de planejar, fazer, verificar, agir), as reuniões de revisão de estratégia são as partes de verificação e ação da execução da estratégia".

Caso não tenha sido alcançada alguma meta, os responsáveis devem se reunir para revisar a execução da estratégia e indicar novas abordagens ainda para o ciclo atual, para que as metas possam ser atingidas. Essa etapa é fundamental para garantir o bom desenvolvimento do BSC, pois, para Kaplan e Norton, "à medida que a estratégia e os planos operacionais são executados, a empresa monitora e aprende sobre os problemas, barreiras e desafios. Esse processo integra informações sobre operações e estratégia em uma estrutura de reuniões de revisão gerencial."

Se as metas foram atingidas, os colaboradores responsáveis são parabenizados e a serventia deve modificá-las, retornando à terceira etapa, para iniciar um novo ciclo de melhoria.

Na **sétima e última etapa**, deve-se aplicar uma pesquisa de aceitação interna para saber a opinião do titular e dos demais colaboradores.

4.4 O BSC funciona em pequenas empresas?

Cerca de 58% dos empreendedores brasileiros com micro e pequenas empresas fecham as portas antes de completar cinco anos (SEBRAE, 2010). Contudo, como vimos anteriormente, esse não é um problema imediato para os cartórios.

Mesmo assim, alguns problemas dos titulares são muito similares aos dos empresários iniciantes resumidos pelo SEBRAE em:

- Comportamento empreendedor pouco desenvolvido.
- Falta de planejamento prévio.
- Gestão deficiente do negócio.
- Insuficiência de políticas de apoio.
- Flutuações na conjuntura econômica.
- Problemas pessoais dos proprietários.

Uma das ferramentas de apoio para execução do planejamento estratégico é justamente o BSC, que lamentavelmente é pouco utilizado por falta de conhecimento da matéria e, principalmente, pela presunção de que o sistema somente é aplicado em grandes organizações.

O ponto crucial é que, independente do tamanho da empresa (ou do cartório), todos que gostariam de obter melhor desempenho do seu negócio precisam refletir seus objetivos.

Se todos os cartórios dão importância ao aspecto financeiro, por que não se interessariam pela melhoria do desempenho proporcionada pelo BSC, se o impacto final é o financeiro?

Enfatiza-se que na perspectiva financeira não há um plano de ação específico, pois o mapa da estratégia funciona na relação de "causa e efeito", o que faz com que as outras perspectivas tragam o direcionamento financeiro para a serventia.

Além disso, pela agilidade na execução e pelo monitoramento de perto, pode-se dizer que há grandes possibilidades de o BSC ser mais influente nas pequenas empresas do que nas grandes organizações, porque quando poucas pessoas participam do sistema ele se torna menos complexo e as chances de gerenciar com mais facilidade (e compartilhar os dados importantes) são maiores.

Para problemas na circulação das informações, ou medidas mal projetadas para indicadores, assim como para a dificuldade em estabelecer simultaneamente objetivos de curto e longo prazo, sugere-se inicialmente colocar apenas metas de curto prazo para os indicadores.

A diferença é que as empresas pequenas precisam de sistemas simples e fáceis de usar; que tenham menos formalidades para monitorar; tenham indicadores fáceis de priorizar; e tragam melhorias nos procedimentos administrativos com o mínimo de despesas possível, como ensina o *Small Business Solver*.

Quando as organizações, independente do porte ou setor, decidem se profissionalizar, mostrar mais eficiência, executar ações que sigam determinada estratégia e fazer corretamente os procedimentos administrativos sem ter de "reinventar a roda", o BSC se torna útil a elas.

Um sistema de BSC bem desenhado e bem implantado fornece um retrato fiel da realidade da serventia, seja para melhor administração interna (saber o que corrigir ou aonde avançar), seja para apresentação externa (em auditorias, premiações e aos órgãos fiscalizadores).

No entanto, é preciso que a alta gerência tenha foco para:

a) Efetuar a análise real do atual cenário (etapa 1 da figura 4, na página 49).

b) Selecionar métricas numéricas centradas nos pontos críticos para o sucesso de hoje e no futuro (etapa 2 da figura 4).

c) Estabelecer e comunicar os objetivos do negócio, envolvendo a equipe (etapas 3 e 4 da figura 4).

d) Monitorar os resultados, manter o sistema operando e gerenciar (etapas 5, 6 e 7 da figura 4).

Os benefícios do BSC podem ser alcançados sem a necessidade de desenvolver um sistema de medição complicado. É possível estabelecer um quadro simples (*dashboard*) em planilha Excel que aborde as questões estratégicas e operacionais que precisam de mudança.

Enfatiza-se que uma implantação bem sucedida do BSC requer um compromisso da alta gestão para utilizá-lo, certificando-se, ainda, que tanto as mudanças comportamentais necessárias quanto as mudanças de procedimentos internos dentro da organização sejam incentivadas, começando pelos próprios titulares.

5. PESQUISA NO ESTADO DE SÃO PAULO

Para obter dados de como é feito o gerenciamento administrativo dos cartórios, a autora realizou uma pesquisa no Estado de São Paulo. O estado foi escolhido devido à sua importância tanto em termos sociais (com cerca de 45 milhões de habitantes, segundo dados do IBGE 2016/2017), quanto financeiros (peso no total do faturamento dos cartórios, divulgado no *site* do Conselho Nacional de Justiça).

Por oportuno, de acordo com o quadro da próxima página, publicado no periódico *Cartórios com Você* de 2017, cabe ressaltar que:

- 22,2% dos cartórios possuem renda bruta mensal de até cinco mil reais por mês.

- 10,5% faturam entre cinco e dez mil reais por mês.

- 31,9% faturam entre dez e cinquenta mil reais por mês.

- 10,9% faturam entre cinquenta e cem mil reais por mês.

- 19,6% das serventias extrajudiciais têm renda bruta mensal acima de cem mil reais mensais.

Quadro 3 – Faturamento bruto dos cartórios no Brasil

(desses valores devem ser deduzidos despesas legais, despesas de funcionamento, imposto de renda e ISS)

Renda Bruta Mensal (em R$)	Quantidade	Percentual (%)
0 a 500,00	530	3,9%
500,01 a 1.000,00	423	3,1%
1.000,01 a 5.000,00	2.045	15,2%
5.000,01 a 10.000,00	1.411	10,5%
10.000,01 a 50.000,00	4.032	31,9%
50.000,01 a 100.000,00	1.474	10,9%
100.000,01 a 500.000,00	2.085	15,5%
500.000,01 a 1.000.000,00	355	2,6%
1.000.000,01 a 2.000.000,00	144	1,1%
acima de 2 milhões	49	0,4%

Fonte: *Cartórios com Você*, Edição 8, Ano 2 – maio a junho de 2017.

5.1 Pesquisa quantitativa

Foram consideradas na pesquisa quantitativa todas as serventias extrajudiciais do Estado de São Paulo com *e-mail* publicado no *site* do CNJ.

Para obtenção dos dados foi elaborado um questionário estruturado com a finalidade de entender o grau de desenvolvimento da "gestão administrativa" dos cartórios, baseado nos conceitos de planejamento estratégico, acompanhamento de resultados, suas principais motivações e dificuldades.

Do total de 1.531 *e-mails* enviados, 47 foram devolvidos, resultando no número de 1.484 cartórios localizados no Estado de São Paulo como população da pesquisa. Portanto, o estudo foi feito por amostra probabilística aleatória simples, considerando o cálculo abaixo:

Quadro 4 – Validade estatística da amostra

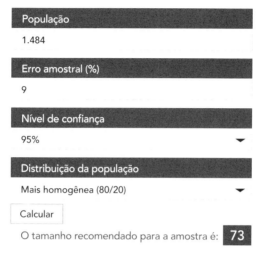

Fonte: Site Comentto, 2015

O resultado do quadro acima significa que, ao conseguir a resposta de pelo menos 73 cartórios, o grau de confiança será de 95%, ou seja, em 95% das vezes a amostra coletada mostrará as características da população (1.484 unidades).

A margem de erro de ±9% mostra que os dados pesquisados podem variar para +9% ou -9%.

87 cartórios responderam ao questionário, o que tornou possível a validação dos dados com a intenção adquirir maior familiaridade da situação administrativa relacionada à utilização de indicadores de desempenho no gerenciamento administrativo dos cartórios do Estado de São Paulo.

5.2 Pesquisa qualitativa: dois estudos de caso

Foram feitas entrevistas com dois titulares de cartório do Estado de São Paulo. Por motivos de confidencialidade, serão chamados de RCTN e RITDPJ.

RCTN: "Cartório de Registro Civil e Tabelionato de Notas", presente numa cidade de 17 mil habitantes, localizado em área urbana, possui quatro funcionários (todos CLT).

Titular já tinha prática com cartório, quando trabalhou como escrevente e oficial substituto em registro de imóveis antes de ingressar em outro concurso público.

RITDPJ: "Cartório de Registro de Imóveis, Títulos e Documentos e Civil de Pessoa Jurídica", presente numa cidade de 30 mil habitantes, localizado em área rural (comarca responsável por 900 mil km^2), possui sete colaboradores (cinco contratados pela CLT e dois estagiários).

Titular era advogado e não tinha prática em trabalhar em cartório, somente o conhecimento teórico verificado em concurso.

6. ASPECTOS DA GESTÃO ADMINISTRATIVA DOS CARTÓRIOS

> Nós somos aquilo que fazemos repetidamente. A excelência, então, não é um modo de agir, mas um hábito.
> **Aristóteles**

Com o desenvolvimento da tecnologia e o perfil cada vez mais exigente dos clientes finais, é essencial que as serventias não fiquem "paradas no tempo" quando falamos de gestão administrativa. Sabe-se que há diversas dificuldades no gerenciamento da delegação. Fatos como qualificação da equipe para os conhecimentos específicos, grande autonomia dos escreventes, concorrência desleal, junto com a permanência na zona de conforto ou a lentidão em estabelecer os processos de mudanças, fazem com que alguns titulares não busquem métodos eficazes de controle da gestão.

Quando a coletividade está na inércia, os novos titulares são influenciados a não pensar em fazer de forma diferente, pois como está sempre funcionou. Esse pensamento pode estigmatizar a classe como um todo e contribuir para um distanciamento ainda maior da sociedade. Afinal, como melhorar a imagem que a população tem do cartório, se não há ações diferentes para produzir resultados diferentes?

Nesse sentido, buscou-se neste capítulo identificar alguns aspectos para explicar como é realizado atualmente o gerenciamento administrativo dos cartórios. Ressalta-se que a pesquisa qualitativa foi realizada com dois cartórios pequenos do interior do Estado de São Paulo e reflete tanto o tipo de gestão exercida quanto as soluções consideradas mais adequadas dentro daquele contexto, naquele momento, para essas serventias.

6.1 Desafios administrativos ao tomar posse

RCTN

Transição: titular teve uma transição tranquila em relação ao interino. Contudo, o histórico da serventia já era de inúmeras retificações dos atos (a serventia passou por uma gestão com improbidades administrativas e financeiras, além de inúmeros equívocos jurídicos na redação dos atos), o que fez com que os últimos dois titulares não investissem muito na unidade, mas se dedicassem a passar em outro concurso, conforme mencionado na nota de rodapé da página 46. Nesse contexto, como o objetivo profissional do novo titular era de longo prazo nesse cartório, foi feito um alto investimento em organização e informatização, havendo ainda o custo das retificações gratuitas, em grande número. Seu maior desafio foi mudar a reputação da serventia perante sociedade, que já não acreditava na fé pública desse cartório. Após três anos de muito trabalho a situação se tornou mais tranquila e gerenciável.

Equipe: verificou se os funcionários que já trabalhavam na unidade seriam mantidos ou desligados; para isso, considerou se eles conheciam o serviço (por meio da análise de atos praticados) e se eram confiáveis (buscando informações com contador, juiz, amigos e com cada um em relação ao outro). Desligou uma pessoa que era fonte de desentendimentos internos e contratou um escrevente (o anterior, substituto, demitiu-se com a chegada do novo titular).

Estrutura: verificou o valor dos móveis e dos equipamentos da serventia que seriam mantidos; negociou valor e forma de pagamento, ao titular, desses bens; analisou a existência e o estado de conservação dos livros e documentos; instalou estrutura de segurança e alarme; contratou novo plano para minimizar as despesas com telefonia e internet; e tratou de fazer as comunicações aos órgãos tributários acerca da sucessão verificada na titularidade. Abriu conta bancária como pessoa jurídica para administrar melhor a parte financeira da unidade.

Procedimentos: elaborou *checklists*, cobrou as obrigações e os compromissos alusivos às comunicações e aos relatórios da serventia (que são inúmeros, especialmente no Registro Civil).

Tecnologia: investiu em novos computadores, comprou servidor e organizou todos os dados financeiros em uma planilha Excel que fornece automaticamente todos os dados para os relatórios obrigatórios (diário, semanal, mensal, semestral, carnê-leão e IRPF), a partir de uma única inserção dos números.

Clientes: estavam descontentes com o serviço oferecido em decorrência das inúmeras falhas geradas em gestão anterior; inicialmente, frequentaram o cartório com desconfiança, mas, ao mesmo tempo, com a curiosidade peculiar de cidade pequena, porque sabiam que o novo titular já havia exercido importante cargo jurídico na cidade de São Paulo.

RITDPJ

Transição: foi necessária intensa negociação com o interino – que tinha sido designado e não era concursado, nem era titular antes de 1988 (até a Constituição de 1988, o governo nomeava os tabeliães) – e seus familiares, pois, dos seis colaboradores, quatro eram da mesma família, e eles relutaram em aceitar as mudanças, dificultando o processo de transição.

Equipe: o oficial verificou o conhecimento teórico dos colaboradores, por meio de entrevista pessoal, e conferiu o trabalho realizado no dia a dia; a equipe que já estava passou a ter uma nova forma de gerenciar, o que levou os funcionários (que eram mais velhos que o titular) a saírem da rotina e ocasionou desgaste no estabelecimento de novos procedimentos e hierarquia. Foi desligada uma pessoa que era fonte de desentendimentos internos.

Estrutura: verificou e negociou o valor dos móveis que seriam mantidos.

Procedimentos: padronizou os procedimentos (*checklists*) para cada ato, adotou práticas inovadoras, trocando ideias com os funcionários para participar da decisão, e após opinião de todos o titular decidiu como seria o modelo de referência para cada ato. Abriu conta bancária como pessoa jurídica para diferenciar financeiramente da pessoa física.

Tecnologia: ao assumir a nova unidade, em 2009, todos os controles e registros eram feitos de forma manual (e na máquina de escrever); após quatro meses, todos os controles passaram a ser feitos via sistema específico e planilhas no computador. Documentos foram digitalizados desde 1968.

Clientes: antes o relacionamento era muito pessoal, informal e demorado. Foi estabelecida uma hierarquia, com escalonamento com atendimento sequencial pelos estagiários, atendentes, escreventes, substituto, até o assunto chegar ao titular, o que fez que a população em geral percebesse as mudanças e a seriedade da nova administração, inclusive elogiando a rapidez dos procedimentos.

Fornecedores: contratou novo contador após quatro meses, pois o antigo não era especializado na área notarial e registral.

6.2 Desafios administrativos atuais

RCTN: após mais de dois anos na unidade, no curto prazo, precisa:

Equipe: treinar mais os funcionários para que aprimorem seus conhecimentos jurídicos, de modo que, se não puderem resolver, pelo menos tragam uma possível solução.

Estrutura: reduzir as despesas fixas e variáveis, como diarista, água, energia, folha de empregados e material gráfico.

Financeiro: manter a receita ao menos nos níveis anteriores (meses anteriores), de modo a evitar a necessidade de demitir funcionários.

Contudo, para fazer os investimentos necessários, seja na equipe ou para cobrir despesas emergenciais, não há alocação de recursos com antecedência. Se tiver o recurso em conta, faz de acordo com a prioridade.

RITDPJ: após mais de seis anos na unidade, precisa:

No curto prazo (seis meses): saber os detalhes dos procedimentos básicos, operacionais. Assim é porque, apesar de ter o controle do que acontece em relação a cada setor, o oficial não pratica diretamente o ato no sistema e, caso um funcionário se afaste e outro entre em férias, por exemplo, haverá dificuldade com o procedimento básico operacional. Também irá investir em uma mesa digitalizadora e câmera fotográfica profissional, para digitalizar os mapas e memorais, e arquivar como forma complementar de segurança.

No médio prazo (um ano): pretende digitalizar arquivo morto (25 mil documentos) e aproveitar para verificar o que pode ser descartado.

No longo prazo (dois anos): o desafio é sair do aluguel e ter outra sede mais moderna, com as funcionalidades necessárias para melhor prestação do serviço. Contudo, esse é um planejamento individual de longo prazo, pois o investimento em imóvel é pessoal, portanto não pode entrar como gasto da serventia.

Também não aloca recursos com antecedência para fazer tais investimentos, fazendo de acordo com a urgência ou assim que sobra dinheiro em caixa. Sendo assim, alocações de verbas com antecedência (investimentos previstos em orçamento) são feitas de acordo com o planejamento financeiro da pessoa física, para posterior investimento na pessoa jurídica.

6.3 Quantidade de departamentos e procedimentos principais

No **RCTN** são três áreas:

a) Firmas e autenticações.

b) Registro civil.

c) Tabelionato.

As firmas (assinaturas) e autenticações são importantes porque conferem credibilidade aos contratos.

Para a população, a área mais relevante é o registro civil (que não gera renda expressiva), porque diz respeito aos principais atos da vida civil das pessoas: nascimento, casamento, morte; reconhecimento de paternidade/maternidade; emancipação; capacidade jurídica etc.

No aspecto financeiro, a área-chave é o tabelionato, em que são lavradas as escrituras, mais comumente as de compra e venda.

No **RITDPJ** são três áreas:

a) Administrativo-Financeira e Recursos Humanos, gerenciada pelo substituto.

b) Balcão: que realiza o atendimento ao público, faz protocolos, certidões e buscas. Normalmente quem atende é o estagiário e, dependendo do caso, o escrevente.

c) Escreventes: onde são qualificados os títulos e verificadas pendências dos atos solicitados. Nessa área:

- Um funcionário cuida só de escrituras (doação, compra e venda de imóveis, entre outras atividades);

- Outro administra "cédulas" em geral (financiamento com o banco); "pessoa jurídica"; e "títulos e documentos" (mandatos judiciais e inventários);

- O escrevente cuida da retificação administrativa de imóvel, loteamento, desmembramento, georreferenciamento e gerencia os demais setores na ausência do oficial.

Do ponto de vista do titular, os setores de escrituras, títulos judiciais e cédulas são considerados essenciais e demandam maior atenção pela dificuldade em corrigir as falhas que já foram publicadas pelas certidões e já surtiram efeitos no mundo jurídico.

Ambos os entrevistados afirmaram que dentro das áreas consideradas centrais (*core business*) não há processos principais, pois todos os atos são importantes, já que, sob o prisma da responsabilidade civil, uma firma falsa pode causar danos e prejuízos relevantes; no registro civil, um registro de nascimento equivocado (com indicação errônea, por exemplo, do nome do pai), idem; e uma escritura com equivocada identificação do "vendedor" pode pôr a perder o patrimônio de alguém (e gerar grande prejuízo ao tabelião, que pode se resguardar contratando um "seguro de responsabilidade civil").

Aqui já se percebe uma confusão entre as prioridades administrativas e jurídicas. Ambos consideraram somente os atos jurídicos como procedimentos prioritários.

É muito importante que pelo menos o gestor responsável pela parte administrativa saiba quais são os procedimentos <u>para manter uma gestão administrativa saudável</u>. Embora somente o RITDPJ tenha uma pessoa específica para a área administrativa, não foi priorizado nenhum procedimento dessa área, muito provavelmente porque executa somente os procedimentos financeiros exigidos por lei (citados no próximo item).

6.4 O que deve ser monitorado e como é feito

RCTN

- **Produtividade:** o desempenho é acompanhado via relatório diário por *e-mail* de atividade de todos os colaboradores das três áreas: a) firmas e autenticações; b) registro civil; c) tabelionato, em que se lavram escrituras, procurações, atas notariais, entre outros.

- **Agilidade:** por meio da padronização de procedimentos (que determinam, por exemplo, que o protocolo seja aberto após a apresentação de todos os documentos necessários); e da verificação da pasta de pendências (recebe relatório semanal).

- **Qualidade:** pela análise dos atos executados pela equipe (nos atos comuns verifica por amostragem, e nos atos mais importantes, em que a equipe tem maiores dificuldades, o titular recebe minuta de todos, confere, altera se for o caso e aprova ou não a lavratura).

- **Nível de Conhecimento:** investe em cursos de aprimoramento jurídico aos funcionários, com ênfase para EAD (Educação a Distância).

- **Satisfação do Cliente:** disponibilizou *e-mail* específico para críticas e sugestões e trata das situações caso a caso. Normalmente, as reclamações são por falha na comunicação, então faz reuniões frequentes com a equipe explicando como se redige e se explica cada um dos atos procedimentais com qualidade.

- **Despesas:** antes de contraídas, todas são examinadas e aprovadas pelo titular, e monitoradas em relatório mensal.

Em relação ao desempenho das gestões anteriores, só os dois funcionários antigos têm conhecimento; os novos têm ideia dos principais erros e acertos do passado.

RITDPJ

- **Produtividade:** controla o número de protocolos por dia (via sistema) e o *status* de cada solicitação (via planilha);

- **Agilidade:** monitora o prazo (se está dentro do previsto em lei) e por setor (para saber onde precisa melhorar o serviço). Controle feito via planilha Excel.

- **Qualidade:** 90% dos atos passam pela mesa do titular para assinatura e as falhas encontradas são corrigidas *in loco* e levadas à reunião de equipe a cada vinte dias, além verificar se tem pendências na planilha de andamento dos títulos;

- **Despesas:** são controladas diariamente pelo substituto (em planilhas), que também é responsável por enviar os relatórios periodicamente.

Em relação ao desempenho passado, comenta erros e acertos nas reuniões mensais. Dados financeiros, somente o titular e o substituto sabem.

Por lei, todos os cartórios precisam monitorar as finanças com a seguinte frequência:

- Diariamente: escriturar o "livro-caixa" para controle interno.
- Semanalmente: efetuar os depósitos dos repasses de verbas a outras entidades, relacionados aos registros feitos na semana anterior.
- Mensalmente: exportar detalhadamente as receitas brutas e despesas para o *site* do TJ.
- Semestralmente: exportar o resumo de receitas brutas e despesas para o *site* do Conselho Nacional de Justiça.

Exceto nos relatórios financeiros acima, o controle dos itens que devem ser monitorados depende do tempo e critério do titular para acompanhar de perto cada um.

Por exemplo, ao monitorar a produtividade, um cartório procura saber o número de tarefas distribuídas por pessoa e o outro busca identificar quais atos devem ser executados no mês corrente ou no próximo (para controle de faturamento). Eles citam *checklists* e padronização das atividades jurídicas e administrativas, contudo nenhum deles tem os procedimentos mapeados em fluxogramas e parecem desconhecer sua importância.

Nenhum item mencionado pelos cartórios é passível de comparação. Por exemplo: a produtividade e as despesas do mês atual com o mês anterior, ou do mês atual com o mesmo mês do ano anterior.

Sabe-se que, independentemente das respectivas utilizações, os cartórios **já possuem ao menos todos os dados financeiros necessários (receitas, impostos, gastos) para executar uma análise financeira gerencial**. É necessário organizar, padronizar e trabalhar esses dados para que possam ser gerados relatórios de fluxo de caixa, orçamento, contas a pagar e a receber e – sobretudo – indicadores para avaliar o quão "saudável" a serventia está para investir, controlar e planejar gastos e investimentos futuros.

Esses relatórios deveriam ser criados de maneira estruturada, e preferencialmente com a alimentação dos dados de forma automática, sob pena de aumentar o trabalho de toda equipe envolvida e a chance de erros de digitação e inconsistências derivadas do fator humano. Aqui, um *software*, ou mesmo uma planilha Excel, é fundamental para proporcionar uma visualização mais simples e ágil (seja em relação a números do passado ou a tendências futuras) para que o gestor responsável pela administração do cartório possa tomar decisões de maneira mais rápida.

6.5 O que é eficiência em cartório

RCTN: a eficiência está relacionada à produtividade, e produtividade com qualidade só se atinge com aprimoramento e estudo constantes, bem como com a atuação crítica e vigilante dos gestores/titulares, que devem, sempre, estar atentos aos serviços prestados no balcão, telefone e por *e-mail*, propiciando formas ágeis e simples de comunicação com seus usuários.

RITDPJ: a eficiência está ligada à desburocratização dos processos, ao se colocar no lugar do cliente e tentar resolver os problemas com criatividade dentro da legalidade. Como a legislação da área é muito específica, cheia de requisitos e interpretações, o ato registral pode demorar ou não, dependendo do excesso de rigorismo formal do oficial titular, que pode, aliás, atrapalhar o desenvolvimento da cidade e a rápida circulação de riqueza.

Nenhum dos cartórios citou a importância da gestão por desempenho, mesmo quando relaciona eficiência com produtividade. Além disso, não há acompanhamento por números (indicadores) e o nível de produtividade ou de desburocratização é visualizado informalmente pelo titular.

O aprimoramento é sempre voltado para a área jurídica, pouco administrativa, portanto não surpreende que os cartórios tenham dificuldade em trabalhar com a planilha Excel. Não há um estudo técnico para tratar dos fatores administrativos como, por exemplo, o atendimento ao cliente e procedimentos internos para agilizar o andamento dos atos com eficiência e segurança.

6.6 Comprometimento da equipe

RCTN: para obter e manter o comprometimento, normalmente o titular estimula o estudo, a leitura, mostra precedentes e penalidades impostas a outras serventias por conta das falhas cometidas.

RITDPJ: o titular acredita na responsabilidade pessoal de cada um. Nas reuniões mensais enfatiza a importância de executar corretamente um serviço diretamente relacionado ao "sonho das pessoas" (compra de imóvel), cujo erro pode atrapalhar todos os envolvidos (clientes, titular e familiares de ambos). Normalmente, o titular está à disposição para tirar dúvidas, ensinar e estudar junto, se necessário.

Ao analisar os atos, anota erros e acertos, e leva os casos mais importantes ou repetidos na reunião mensal. Todavia, não mensura qual procedimentos teve mais falhas, nem quem teve mais erros (dentro de um mês) para tomar ações preventivas. Procura investir na participação em congressos próximos para reciclagem e na compra de livros para a biblioteca da unidade.

Nos dois cartórios, foi declarado que todos da equipe sabem o que podem ou não fazer, pois as "políticas corporativas" são as normas de serviço estipuladas pela corregedoria e são de fácil acesso para consultas.

Da mesma forma, todos conhecem o padrão de desempenho esperado pelo titular, porque expressam reiteradamente por meio de conversas pessoais e de mensagens.

Contudo, o aprimoramento contínuo acontece de forma lenta, dependendo muito do interesse de cada funcionário.

Aqui também não é possível comparar número de erros ou falhas por funcionário. Nem mesmo o grau de investimento em treinamentos (internos ou externos) em dados formais, para medir a evolução do mês atual com o mês anterior, ou do ano atual com o ano anterior.

De maneira geral, novamente nenhum dos entrevistados buscou conhecer as "melhores práticas" no mercado em termos de gestão de pessoas, mas, do ponto de vista deles, o "negócio" está "andando" conforme esperado e os ajustes são feitos na medida das necessidades.

6.7 Análise SWOT

Neste tópico, os entrevistados analisam os fatores que podem impactar a SWOT[5] das unidades. Essa ferramenta auxilia na fase de Diagnóstico do Planejamento Estratégico. Ao identificar dados do ambiente interno (forças e fraquezas) e do ambiente externo (oportunidades e ameaças), o responsável consegue ter uma visão mais ampla do seu negócio, facilitando a decisão estratégica organizacional. No quesito "ameaças do mercado" alguns itens que influenciam os cartórios foram citados, como: economia nacional atual, economia internacional, relacionamento com os fornecedores, sistemas de informática, ambiente político, legislação, cultura e sociedade.

É por meio da estruturação das ações identificadas na SWOT que o gestor/titular aproveitará melhor seus pontos fortes internos para

---

5. SWOT é a sigla para *Strengths, Weaknesses, Opportunities, Threats*. Em português, é FOFA ou FFOA: Forças, Fraquezas, Oportunidades e Ameaças.

se fortalecer e prosperar, assim como explorará ao máximo as oportunidades que o mercado oferece, prevendo situações que podem ocorrer no futuro, minimizando as dificuldades (ameaças), pois estará mais bem preparado para exercer o controle administrativo durante sua gestão.

Ameaças do mercado

São todos os fatores do ambiente externo, ou seja, do mercado, que podem interferir nos resultados do cartório. Não estão sob controle do titular; alguns podem ser mitigados e outros não, portanto é preciso se planejar para enfrentar a situação sem tantas surpresas.

Economia Nacional

RCTN: com a retração do mercado imobiliário (2015/2016), o número de escrituras lavradas (que representam 70% da renda do cartório de notas) caiu entre 30-40% nos últimos meses.

RITDPJ: para o registro de imóveis, em uma crise como a de agora, apesar da redução de registros (cerda de 33% na receita, se comparado com ano passado), houve aumento de financiamentos, o que interfere diretamente no número de pedidos de registros de garantia bancária.

Economia Internacional

RCTN: a cotação do dólar interfere no cartório quando as empresas da região que têm seus produtos ou serviços atrelados a essa moeda ficam "mais fortes" ou "mais fracas" financeiramente para investir na região.

RITDPJ: os grandes loteadores (como incorporadoras e construtoras) buscam os melhores investimentos, seja no Brasil ou no exterior. Portanto, se investir fora for melhor para eles, os cartórios da região perdem com isso.

Fornecedores

RCTN e RITDPJ: o único fornecedor obrigatório para todos os cartórios é o que fornece o papel de segurança, controlado diretamente pelo TJ, por meio da Corregedoria. Esse fornecedor é homologado pela Corregedoria, e seu serviço não pode interferir nas atividades das serventias extrajudiciais, sob pena de ser descredenciado. Essa empresa tem o preço de seu produto fixado pelo TJ e constitui "monopólio controlado" por questões de segurança jurídica.

Novamente, aqui foi uma resposta pensando somente no ato jurídico. Eles não levaram em consideração os gastos relacionados aos fornecedores de material de limpeza e de escritório, serviços de segurança, telefonia, entre outros. Principalmente em épocas de crise, é necessário ter mapeados todos os fornecedores das empresas privadas para renegociar os contratos.

Tecnologia

RCTN e RITDPJ: ter bons equipamentos significa oferecer serviços mais rápidos, com melhor controle e qualidade. O TJ criou uma norma em que todas as unidades cartorárias devem digitalizar seus documentos para "preservação" dos atos jurídicos realizados no passado. Esse investimento deve ser feito pelo titular e visa proporcionar maior segurança a ele, que é o responsável por guardá-lo, e também à população, que terá mais uma garantia de controle dos documentos.

Nenhum deles sente falta de um sistema de gerenciamento administrativo, seja por desconhecimento dos benefícios desse tipo de controle, seja por falta de obrigatoriedade por parte da Corregedoria ou por conta de faturamento que já atende às suas necessidades.

Ambiente Político

RCTN e RITDPJ: as políticas habitacionais com incentivo fiscal, como "Minha Casa Minha Vida", influenciam o RCTN ao estimular a compra de imóveis. Mesmo com desconto, a quantidade de registros aumentou.

Leis como a tentativa de impor teto salarial aos titulares de cartórios também podem afetar o nível da administração.

Talvez não haja maiores incentivos governamentais por desconhecimento das atividades da serventia, que também acaba trabalhando como "fiscal" do governo: a) ao repassar a ele todas as informações dos atos jurídicos de transferência de propriedade; e b) ao analisar se todos os tributos para a negociação do imóvel foram recolhidos.

Natureza e Legislação Ambiental

RCTN e RITDPJ: todo imóvel rural precisa ser inscrito no Cadastro Ambiental Rural (CAR) para que o Estado possa criar políticas públicas voltadas à preservação. O cartório só pode registrar ou retificar os limites do imóvel se tiver esse cadastro. A responsabilidade é do engenheiro ambiental e não do cartório. O novo Código Florestal foi mais flexível com o produtor rural, sendo facultado ao proprietário efetuar a averbação (atos para complementar o registro) do terreno, que é gratuita.

Cultura e Sociedade

RCTN: no local onde está localizado o cartório, não consegue visualizar influência da cultura e da sociedade nos negócios do cartório.

RITDPJ: em comarcas com muitos eventos turísticos (exemplo: lugares com rio ou praia, onde as pessoas compram imóveis de veraneio) ou com grandes indústrias (exemplo: usina que precisa de trabalhadores que morem por perto), dependendo da economia da região, podem existir mais ou menos negócios para o cartório.

Oportunidades do mercado

Toda a legislação que favorece a prestação de serviços no âmbito extrajudicial gera oportunidades para o setor. Por exemplo: divórcio, separação, usucapião extrajudicial, apostilamento, entre outros. Desde a instituição da Emenda Constitucional nº 66, de 2010, os cartórios de notas do Estado de São Paulo passaram a lavrar mais de 16 mil divórcios consensuais por ano, 100% a mais do que antes de a emenda entrar em vigor.

RCTN: também se beneficiaria com a melhoria econômica e política no médio-longo prazo, assim como com o desenvolvimento da cidade, por meio de políticas públicas com loteamentos e desmembramentos de imóveis urbanos e rurais; investimento na área de construção civil, em saúde, educação; entre outros.

RITDPJ: também se beneficiaria com mais investimentos em infraestrutura local e fomento ao turismo da região.

Pontos fracos (internos) – de cada cartório

Pontos que, em tese, estão sob o controle do titular.

RCTN: o pouco preparo dos funcionários; renda baixa do cartório não permite elevar salário para atrair candidatos mais preparados.

RITDPJ: a falta de atenção da equipe causa erros pequenos que deveriam ser evitados; falta ao gestor responsável conhecer todos os procedimentos e rotinas operacionais, caso o funcionário esteja ausente.

No cartório de notas, principalmente em cidades pequenas, o tabelião faz o papel de um "consultor jurídico", precisando interpretar a vontade das partes e gozar dar confiança delas para lavrar a escritura. Entretanto, é difícil saber se é má fé, ou não, quando usuário quer fazer consulta para "economizar no advogado". A orientação aos funcionários é anotar os contatos do usuário se as dúvidas "fogem" das perguntas padrão, para posterior retorno, porém a equipe não consegue filtrar o que deve chegar ao titular. Ao mesmo tempo, alguns advogados procuram se eximir da responsabilidade, "empurrando" a análise integral das questões ao titular da serventia e atuando como meros "homologadores".

Pontos fortes (internos) – de cada cartório

Pontos que, em tese, estão sob o controle do titular.

RCTN: a experiência do titular com mais de 30 anos na área jurídica; investimento em TI (sistema com serviços mais rápidos, com melhor controle e qualidade).

RITDPJ: colocar-se no lugar do usuário para ajudar a pessoa a resolver a pendência (desburocratizar facilita os negócios ao "girar" a economia; por exemplo, se o documento já se encontra no cartório não há necessidade de levá-lo novamente ou mostrar uma cópia); possibilitar fácil acesso ao cidadão para conversar diretamente com o titular sobre protocolos feitos no cartório (contudo, titular não é "consultor jurídico", por isso só discute assuntos que foram protocolados).

Em ambos os cartórios se percebeu uma certa dificuldade em analisar os ambientes internos e externos, provavelmente porque foi a primeira vez que abordaram o assunto de gestão de serventias sob esse aspecto.

6.8 Concorrência

RCTN: o registro civil só pode ser realizado na unidade do município, não há concorrência.

As escrituras (principal fonte de renda deste tipo de cartório) podem ser lavradas em qualquer lugar do Brasil e a concorrência nem sempre é muito correta, porque, mesmo sendo determinado por lei que a parte tem que "procurar e ir ao cartório", sabe-se de episódios em que são lavradas escrituras em outras cidades (são os "caçadores de escrituras" que oferecem "facilidades" de deslocamento à parte interessada) e, como é difícil comprovar esses fatos, não há penalização.

RITDPJ: no registro de imóvel não há concorrência, pois o imóvel deve ser registrado no cartório da comarca ou da área em que está situado. Essa circunstância de certa maneira produz uma atuação maior na zona de conforto, e, em alguns casos, infelizmente, uma atuação ainda mais distanciada da melhoria contínua.

6.9 Objetivos para o Curto-Médio Prazo

RCTN: manter a qualidade e produtividade atual com ética. Não tem objetivos de longo prazo (dois anos). No curto-médio prazo, se não houver melhoria na economia, será necessário reduzir o quadro de funcionários, e planeja investir em:

(i) Tecnologia: para realizar a digitalização dos documentos;

(ii) Equipe: treinamentos para estimular o estudo e aperfeiçoamento (dependendo da crise);

(iii) Atendimento ao cliente: aplicar uma pesquisa de satisfação (além de disponibilizar *e-mail* e telefone aos usuários);

(iv) Publicidade: escrever artigos com dúvidas frequentes para jornais locais (como, por exemplo, testamento e diretivas de última vontade), falar na rádio da cidade com a finalidade de tentar aumentar o volume de negócios no cartório.

RITDPJ: pensa sobre planejamento toda semana, como melhorar e simplificar os processos. Faz o planejamento a longo prazo para cada dois anos. Planeja investir em:

(i) Procedimento interno: elaborar o fluxograma por procedimento para identificar melhorias e registrar a rotina do trabalho operacional.

(ii) Tecnologia: pretende digitalizar documentos e indexar as imagens, organizando as matrículas; investir em câmera fotográfica profissional, impressoras modernas e antivírus. Toda a parte de "ofício eletrônico" entre fórum, cartório e demais órgãos públicos já está implantada;

(iii) Equipe: investir no desenvolvimento profissional por meritocracia;

(iv) Atendimento ao cliente: implantar caixa de sugestões;

(v) Análise de despesas e custos: para tentar aumentar receitas.

Cabe ressaltar que os planos acima mencionados não têm metas nem acompanhamento ou prazos formalizados, e que vão de acordo com a importância e vontade do titular.

6.10 Realidade em Termos de "Gestão Administrativa"

RCTN: os cartórios de modo geral são titularizados por profissionais do Direito, que são, normalmente, avessos à Matemática, à Administração etc. Portanto, a gestão administrativa dos cartórios, em regra, é feita de acordo com a maior ou menor argúcia e percepção do dirigente, sem nenhum rigor científico, na base da experiência pessoal (ou falta dela). Daí a relevância de contarem (os que podem pagar) com profissional da Administração, seja como funcionário, seja como prestador de serviço.

De modo geral, os titulares (especialmente de serventias pequenas) não contratam ninguém para auxiliar o gerenciamento financeiro e administrativo. Delegam algumas dessas funções a seus substitutos, que atuam com maior improvisação ainda, já que têm que resolver esses problemas e todos os outros, que dizem respeito ao andamento normal da serventia.

RITDPJ: concurso exige faculdade de Direito e muitas vezes os aprovados não têm conhecimento teórico nem prático de Administração. Poderia ser exigência dos concursados realizar um curso rápido intensivo, como ocorre, por exemplo, com quem é aprovado na magistratura, que faz seis meses de curso preparatório na Escola de Magistratura antes de se tornar juiz de Direito. Atualmente depende muito do interesse do titular em buscar conhecimentos sobre Administração para melhorar a eficiência e eficácia da gestão da unidade, e o cidadão, que não tem nada a ver com isso, pode ser prejudicado.

6.11 Percepção sobre a Satisfação do Cliente

Observação: as respostas abaixo são baseadas na percepção dos entrevistados, ou seja, dos titulares de cartórios. Não foi utilizada nenhuma ferramenta para mensurar diretamente com o cliente o que ele percebe do atendimento nas unidades.

RCTN: percebe que há um atendimento melhor do que aquele que as pessoas recebem nos órgãos públicos da administração direta, salvo raras exceções. Há canais de reclamação; e acesso fácil pela internet ao TJ e Corregedoria, que funcionam, às vezes, com severidade excessiva.

De modo geral, sob o ponto de vista da agilidade, o atendimento é razoável, mas poderia ser melhorado, a depender da atuação de um gestor eficiente e observador.

Quanto ao preço, os valores dos emolumentos são tabelados e há pesadas multas e riscos de sanções graves para quem cobra acima ou mesmo abaixo, porque configura concorrência desleal com os colegas.

Os valores, no tabelionato e no registro civil, são compatíveis com a justa remuneração pelo trabalho, considerada a responsabilidade civil dos titulares pela correção do ato. Já no registro de imóveis, de modo geral, os valores estão superdimensionados e remuneram em excesso os oficiais.

Para ilustrar, em uma escritura de valor superior a R$ 19.455.748,01, mesmo que seja de 150 milhões de reais, os emolumentos do tabelião não podem passar de R$ 21.617,00, ao passo que no registro os emolumentos são fixados em faixas até R$ 78.625.000,00, o que gera custas de R$ 31.416,00 ao registrador. Só que fazer a escritura é mais trabalhoso e, muitas vezes, mais complexo do que o registro. O titular tem esse conhecimento porque atuava como escrevente e oficial substituto registrando escrituras antes de ser aprovado em outro concurso público.

RITDPJ: em sua opinião, os clientes sentem que recebem um serviço ágil, de preço justo, têm confiança no que é feito, são bem tratados – levando em consideração que os usuários não têm alternativa (não podem apelar para o "concorrente").

De modo geral, o registro de imóveis tem valores mais altos porque os eventuais erros não são conferidos por outro cartório e os danos se referem normalmente aos imóveis de valores superdimensionados.

Além disso, não se comparam os valores pagos no registro com os impostos incidentes no negócio e corretagem, que normalmente variam entre 4% e 6% do valor do imóvel. Se a análise do título é bem feita, valoriza o serviço, conferindo segurança jurídica.

6.12 Conhece e Utiliza o Planejamento Estratégico

RCTN: não conhece.

RITDPJ: não conhece.

Os dois titulares utilizam conhecimento empírico para aumentar qualidade e produtividade dos processos. Acreditam que colegas de unidades de médio para grande porte buscam esse tipo de conhecimento porque precisam dele para gerenciar de forma mais assertiva pela quantidade de pessoas e de atos praticados, porém os pequenos não têm necessidade, administram com controles informais e com a troca de informações em congressos cartorários.

6.13 Quais indicadores seriam relevantes

RCTN: seria interessante ter indicadores como número de atos/mês por funcionário, número de firmas e autenticações (cada uma tem um selo, que é controlado como papel de segurança), número de erros (falhas) por funcionário, por mês e por área, número do faturamento, de despesas, números de escrituras lavradas e número de procurações.

Gostaria de melhorar a forma do monitoramento, somente se a nova maneira diminuir a carga de tarefas do titular. No entanto, não adianta monitorar se não ensinar o correto, para que as falhas não sejam recorrentes (executar o plano de ação originado do indicador). Sente dificuldade em trazer conceitos da administração e indicadores para o dia a dia.

RITDPJ: tem indicadores de receita e despesa. Gostaria de visualizar um painel de indicadores (*dashboard*), de ter alarme quando chega perto do prazo de vencimento do registro. Aplica o planejamento do seu jeito próprio jeito.

6.14 Prós e contras da possível utilização do BSC

RCTN

Contras: considera que o BSC em cartórios pequenos (quatro funcionários) talvez se torne contraproducente, porque exigirá tempo para a implantação e o acompanhamento. Além disso, o BSC será mais um mecanismo burocrático do qual o titular terá que cuidar.

Prós: se o tempo para implantar o BSC não for tão grande, se for simples e fácil de aplicar e acompanhar e se houver meios que impeçam desvios de interpretação como o de medir produtividade de forma equivocada (funcionário produz dois atos complexos em comparação com o colega que fez dez atos simples), nesse caso sem dúvida que o BSC seria bem-vindo, na medida em que contribua para uma gestão mais eficaz da serventia.

RITDPJ

<u>Contras:</u> para cartórios pequenos acredita que não seria interessante, pois os elementos do BSC recairiam apenas em uma pessoa, o próprio titular. A partir de um número mínimo de funcionários, e de faturamento líquido mensal mínimo (por exemplo, a partir de 30 mil reais), pode-se tornar viável.

<u>Prós:</u> gostaria de ter BSC principalmente para ter um controle maior, se o esforço não for dispendioso em tempo, em custos, não atrapalhar o serviço do cartório, e for simples e fácil de aplicar.

7. ANÁLISE DOS RESULTADOS

No total, na pesquisa quantitativa foram obtidas 87 respostas: 84% dos próprios titulares ou prepostos designados, 13% pelos escreventes substitutos, e 3% por outros funcionários (escreventes e/ou consultores). Esse conceito de "porte dos cartórios" foi definido pela própria autora em discussão com outros titulares, não sendo caracterizado pelo que é estipulado no mercado e divulgado pelo SEBRAE e outras instituições.

Figura 5 – Tamanho dos cartórios por número de funcionários

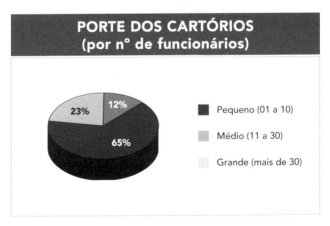

Fonte: Figura elaborada pela autora.

Quando questionados: "*Você monitora quais relatórios de desempe-*

nho do cartório?", a maioria respondeu que trabalha com relatórios financeiros (98%) e acompanha os procedimentos internos (93%).

Figura 6 – Relatório financeiro

Figura elaborada pela autora.

Figura 7 – Relatório de procedimentos

Figura elaborada pela autora.

Já o nível de aprendizado e crescimento é monitorado por 80% dos cartórios, ou seja, há uma preocupação em relação a mitigar eventuais falhas na prestação do serviço, especialmente por conta da responsabilidade civil. Supreendentemente, apenas 67% acompanham satisfação e atendimento ao cliente.

Figura 8 – Relatório de aprendizado e crescimento.

Figura elaborada pela autora.

Figura 9 – Relatório de satisfação

Figura elaborada pela autora.

Na questão (facultativa) sobre a frequência desse monitoramento, a maioria dos cartórios informou que a realiza de forma mensal. Portanto, possui um controle periódico, especialmente em relação ao item financeiro, o que reflete a alta preocupação com o desempenho passado (o que não garante o desenvolvimento futuro, conforme visto nas teorias de Robert Kaplan e David Norton).

Figura 10 – Frequência de monitoramento dos relatórios

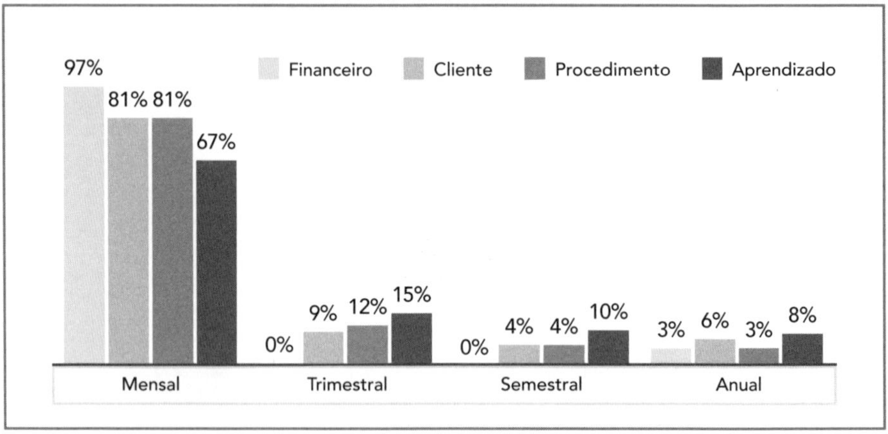

	Mensal	Trimestral	Semestral	Anual
Financeiro	97%	0%	0%	3%
Cliente	81%	9%	4%	6%
Procedimento	81%	12%	4%	3%
Aprendizado	67%	15%	10%	8%

Fonte: Figura elaborada pela autora.

Mesmo sabendo do ritmo acelerado das mudanças em todos os ambientes, e que impõe aos executivos a necessidade de se preparar utilizando instrumentos gerenciais e métodos para tomar decisões com mínimas chances de erros e em tempo hábil (conforme expõe Michael Hitt), os titulares se preocupam em monitorar as quatro perspectivas acima, porém muitos deles fazem isso de maneira completamente informal.

Isso porque, dentre as possibilidades disponibilizadas no questionário – (i) informal ("de olho"); ou (ii) formalizado (via planilha Excel ou outro sistema específico) –, a grande maioria expôs que o acompanhamento é informal, exceto o relatório financeiro, ou seja, a preocupação maior está focada no controle de "receita *versus* despesa" e os demais controles são realizados de acordo com a percepção subjetiva e o interesse de cada titular.

Foram indagados também qual a razão para medir o desempenho e quais seriam os motivos relevantes para monitoramento. Como mostrado na figura 11, em resumo, a maioria (85%) tem interesse em observar de perto os resultados relacionados aos prazos, número de atos realizados e eventuais falhas, bem como em diminuir os riscos de sua responsabilidade civil e administrativa (84%). Esses itens também foram destacados pelos entrevistados na pesquisa qualitativa.

Figura 11 – Acompanhar de perto os resultados

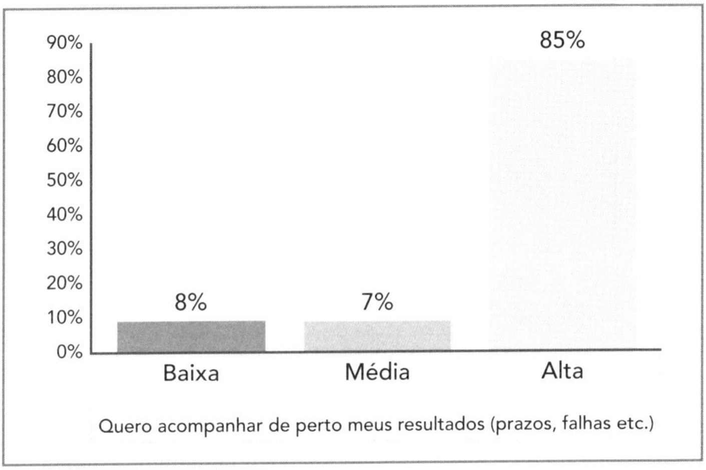

Fonte: Figura elaborada pela autora.

Embora tenham essas preocupações, não demonstram saber "o que é a administração estratégica". E, mesmo que tenham parcialmente objetivos estabelecidos, não parece haver uma estratégia definida que oriente as ações adequadas para atingir qualquer posicionamento no longo prazo. Provavelmente, os titulares sentem-se "perdidos" com a quantidade de variáveis administrativas a controlar, principalmente por ser um processo constante, que exige a atenção para a área que não dominam, Administração. Além, claro, de se pautarem no comportamento da coletividade: "se a maioria faz desse jeito e funciona, por que farei diferente?". Pelas respostas, a maioria parece prestar atenção somente no resultado do final do mês, o que implica que pode haver um resultado potencial maior quando análises mais detalhadas forem feitas, mostrando, por exemplo, os "custos ocultos" (que não são monitorados) da operação da unidade.

Figura 12 – Diminuir risco da responsabilidade civil

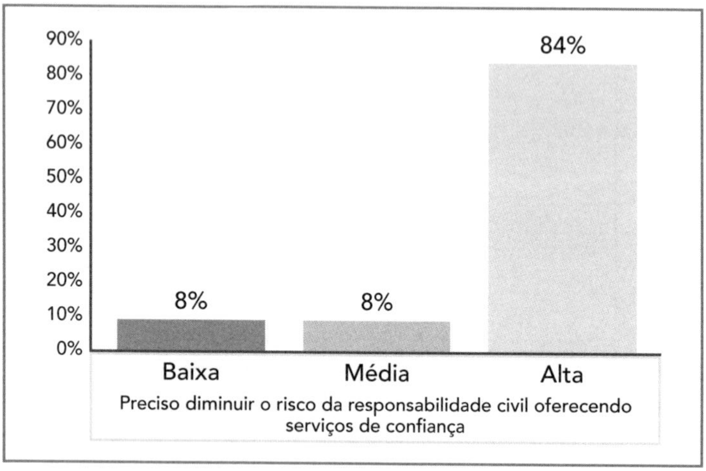

Fonte: Figura elaborada pela autora.

Na figura a seguir, 83% dos cartórios também querem acompanhar a eficiência dos procedimentos internos para saber se estão sendo bem executados ou se é possível realizar melhorias (o que reflete a importância de um sistema de gerenciamento bem implantado).

Figura 13 – Acompanhar eficiência dos procedimentos internos

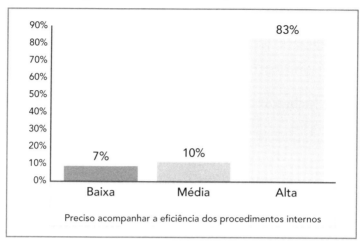

Fonte: Figura elaborada pela autora.

Como mencionado acima, e destacado nesses gráficos, observa-se que o monitoramento dos processos internos pode impactar diretamente na identificação de oportunidades para reduzir as despesas do cartório, ratificando o principal interesse de controle entre "receita e despesa".

Figura 14 – Identificar oportunidades de redução de custo

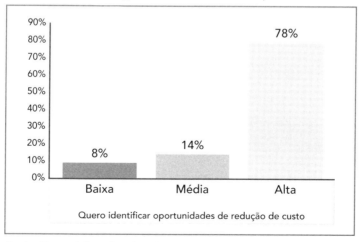

Fonte: Figura elaborada pela autora.

Além disso, a medição do desempenho pode melhorar a comunicação interna da equipe ao identificar eventuais erros, ou acertos, sendo que mais de 68% das respostas apontam para o interesse na obtenção de informações rápidas e precisas.

Figura 15 – Melhorar comunicação interna

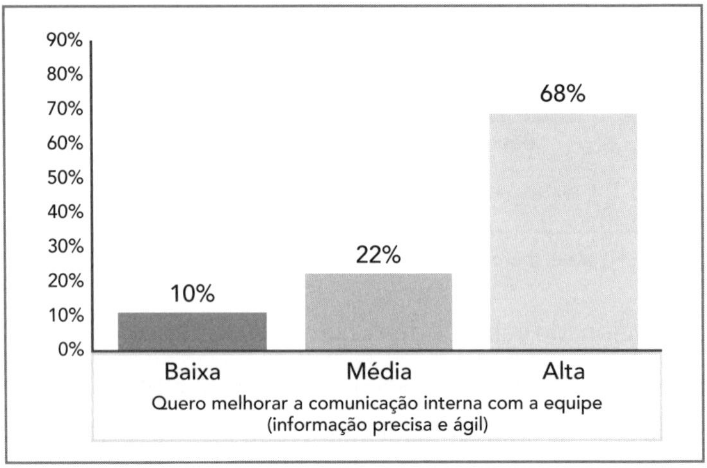

[Gráfico de barras: Baixa 10%, Média 22%, Alta 68% - Quero melhorar a comunicação interna com a equipe (informação precisa e ágil)]

Fonte: Figura elaborada pela autora.

Também fica nítido que o relatório de desempenho, ou painel de indicadores, pode (e deve) servir como uma ferramenta de apoio para controlar os setores do cartório ou monitorar funcionário específico. Cerca de 55% das respostas consideram relevante esse tipo de fiscalização, muito embora os 45% restantes não acreditem ser tão necessário assim, o que reflete a quantidade de "monitoramento informal", principalmente para os ativos intangíveis ou os que não são exigidos por lei.

Figura 16 – Ter um sistema de apoio para controlar melhor

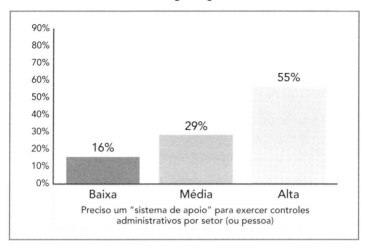

Fonte: Figura elaborada pela autora.

Na Figura 17 há uma clara demonstração de que, mesmo pertencentes à mesma classe, e com problemas administrativos similares, os

Figura 17 – Meus colegas estão utilizando

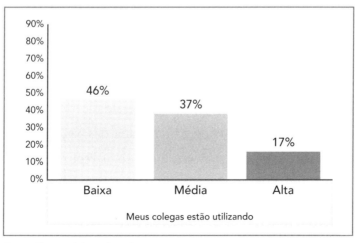

Fonte: Figura elaborada pela autora.

titulares não realizam o *benchmarking* (que é um processo de comparação de produtos, serviços e práticas dentro ou fora do mesmo setor de mercado), muito provavelmente porque cada um tem sua motivação pessoal e talvez ache que não tem a necessidade de saber sobre monitoramento de desempenho fora do seu próprio cartório, desde que o seu "funcione" dentro de suas próprias "expectativas".

Em relação a esse ponto, mesmo havendo grande troca de informações sobre o "mundo jurídico" (principalmente para aqueles que participam de encontros específicos da área; participam de associações; de grupos em redes sociais; entre outros), pelo menos **46% não buscam as melhores práticas administrativas**, seja por um sentimento de que "não consideram importante"; ou por falta de conhecimento ("por não saber que pode fazer melhor"); ou, ainda, por receio de se expor mostrando falhas em conceitos básicos de administração de empresas.

Infelizmente, pode-se afirmar que nesses 46% estão também os cartórios grandes. E, no caso deles, a situação é ainda pior, pois 1% de prejuízo (causado por falta de controle financeiro, por exemplo) já é um número considerável.

Quanto maior o cartório, maior a necessidade de controle, pois nem sempre a alta administração participa das decisões que estão sendo tomadas, e, portanto, desconhece se os recursos estão sendo alocados de modo produtivo. Sendo assim, maior é a necessidade da profissionalização da gestão de acordo com as metodologias já utilizadas na área da Administração. O titular precisa refletir periodicamente sobre isso.

Quando perguntados sobre as principais dificuldades para medir desempenho, apontaram o seguinte:

- Cerca de 74% têm média ou grande dificuldade para analisar os resultados dos objetivos, ou seja, poucos cartórios conseguem efetivamente saber se alcançaram, ou não, seus objetivos.

Figura 18 – Dificuldade em analisar os resultados dos objetivos

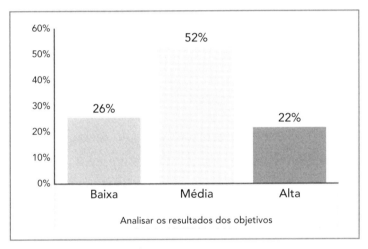

Fonte: Figura elaborada pela autora.

- Prova disso está justamente no fato de que somente 16% **não** têm problemas em estabelecer os indicadores de desempenho e mais de 30% têm graves problemas nessa análise.

Figura 19 – Dificuldade em identificar indicadores de desempenho

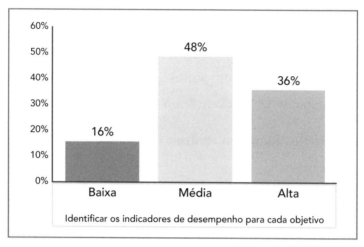

Fonte: Figura elaborada pela autora.

- Mais de 90% sentem dificuldade em identificar o que deve ser monitorado, fator também identificado nas entrevistas. Ou seja, a solução prática é um verdadeiro desafio para essa classe.

Figura 20 – Dificuldade em identificar procedimentos a serem monitorados

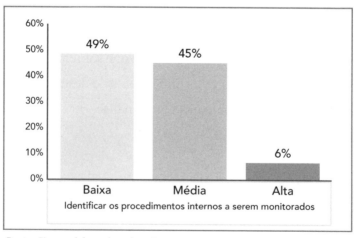

Fonte: Figura elaborada pela autora.

- Também chama a atenção o fato de que 77% dos cartórios responderam ter média/alta dificuldade para definir as metas por departamento ou por pessoa, dificultando o próprio controle de desempenho e o alcance dos objetivos organizacionais do titular.

Figura 21 – Dificuldade em definir metas

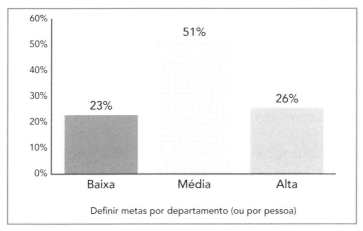

Fonte: Figura elaborada pela autora.

Figura 22 – Dificuldade em monitorar satisfação do cliente

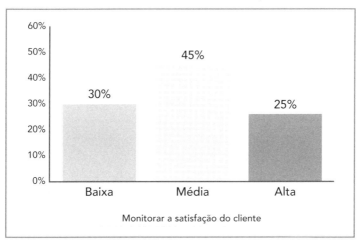

Fonte: Figura elaborada pela autora.

- Como mostrado na figura 22, a satisfação do cliente também é um quesito deficitário, pois 70% dos cartórios têm média para alta dificuldade em monitorar esse importante indicador.

- Mais de 80% têm alta ou média dificuldade para dedicar tempo para acompanhar o desempenho. Portanto, pode-se supor que quem não tem tempo foca somente nos relatórios financeiros exigidos por lei. Por outro lado, a minoria que consegue ter um acompanhamento administrativo satisfatório de todas as perspectivas financeiras e não financeiras talvez seja o grupo que realmente entende a importância de uma gestão administrativa eficiente.

Figura 23 – Dificuldade em dedicar tempo ao acompanhamento

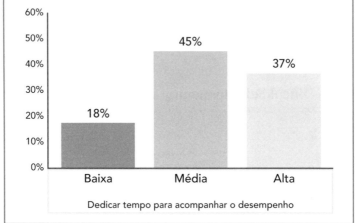

Fonte: Figura elaborada pela autora.

- O resultado a seguir reflete-se diretamente na mobilização da equipe para trabalhar com a medição de desempenho: 43% têm alta dificuldade e 39% têm média dificuldade para obter comprometimento dos colaboradores para monitorar o desempenho do cartório. Porém, se o líder não é o exemplo (barreira gerencial e de visão), será difícil para todos.

Figura 24 – Dificuldade em mobilizar a equipe

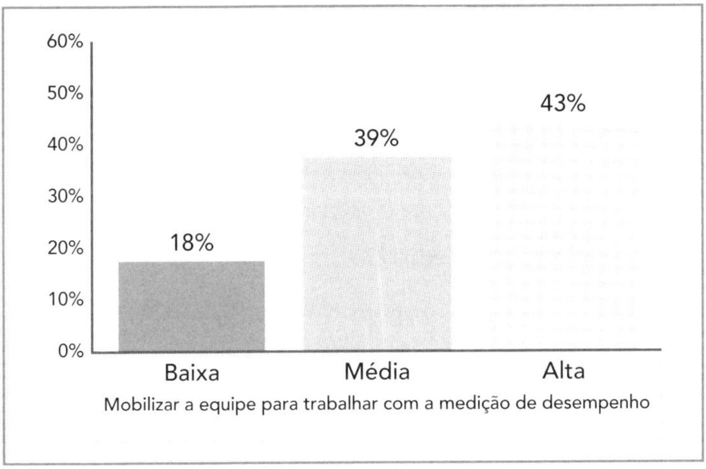

Baixa	Média	Alta
18%	39%	43%

Mobilizar a equipe para trabalhar com a medição de desempenho

Fonte: Figura elaborada pela autora.

Na pergunta sobre o *Balanced Scorecard* (BSC), 93% dos entrevistados **não conhecem** o que é a ferramenta, como mostra a figura 25, na próxima página.

Quem conhece (somente 7%) e não utiliza justificou:

- Um cartório de pequeno porte (1 a 10 funcionários) – porque "não acredita que um cartório do porte do qual sou titular seja compatível com o uso dessa ferramenta, já que a atividade notarial desenvolvida é muito customizada e não permite controles desse tipo".

Figura 25 – Conhece o BSC?

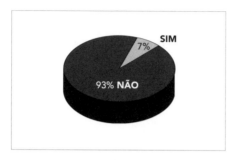

Fonte: Figura elaborada pela autora.

- Quatro cartórios de médio porte (entre 21 e 30 funcionários) – porque "consideram a implantação complexa em vista ao tamanho do cartório".

- Um cartório grande (mais de 30 funcionários) – "usou somente uma vez como ferramenta de diagnóstico para o Planejamento Estratégico".

Com essas respostas pode-se inferir que há um desconhecimento sobre:

- Como é feita a execução do BSC?

- Qual é o nível de dificuldade para implantar?

- Em quais tipos de organização ela pode ser aplicada (se é somente para grandes organizações)?

- Como administrar estrategicamente uma empresa pequena que oferece serviços customizados? (não é porque a atividade jurídica é customizada que a gestão tem que ser "informal").

Como visto no referencial, para aplicar o BSC, primeiro é necessário executar o planejamento estratégico e a resposta à próxima questão ("se os conceitos abaixo estão disseminados para a equipe do cartório") mostrou que o público-alvo da pesquisa não utiliza o planejamento em suas unidades, o que, portanto, enfatiza o desconhecimento do sistema BSC.

Nessa questão, mais de 60% responderam que a missão e a visão estão conceitualmente disseminadas no cartório.

No entanto, se a missão define a razão de ser da organização; e a visão é o que o gestor avista para ela no longo prazo, pode-se deduzir que ele desconhece a aplicação desses dois conceitos dentro do planejamento estratégico, que tem como finalidade "maximizar os objetivos e minimizar as deficiências, proporcionando eficiência", conforme afirma Isabel Ribeiro.

Figura 26 – Conceitos disseminados no cartório

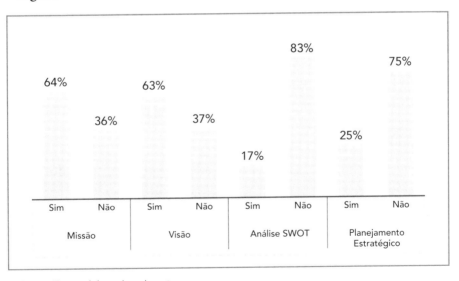

Fonte: Figura elaborada pela autora.

Já os conceitos de análise SWOT e de Planejamento Estratégico não estão difundidos na maioria dos cartórios, o que demonstra o desconhecimento das ferramentas de Administração de Empresas e principalmente da administração estratégica.

83% dos entrevistados disseram que não têm o conceito de análise SWOT divulgado internamente.

É fato que o processo de avaliação interna e externa da serventia **não** é feito pela grande maioria.

Essa análise possibilitaria ao gestor identificar as principais forças e fraquezas internas e as principais oportunidades e ameaças externas, para elaborar um plano de ação que determine os caminhos para a serventia alcançar os objetivos a partir da sua realidade atual.

Não ter o conceito de planejamento estratégico disseminado dentro do cartório significa que não há, segundo Philip Kotler, "uma metodologia gerencial que permite estabelecer a direção a ser seguida pela organização, visando maior grau de interação com o ambiente".

Naturalmente, apesar de ter a agilidade como ponto forte do ambiente interno, afirma-se que cada "administrador de cartório" tenta gerenciar de maneira própria, às vezes "reinventando a roda".

Isso delonga o desenvolvimento do negócio, tornando-se um processo cansativo para o gestor, com consequências para a equipe interna e para os clientes, que poderiam ter acesso a um serviço mais eficaz e eficiente, utilizando de metodologias já existentes e amplamente testadas no mercado.

Sendo a maioria dos cartórios considerada "micro e pequena empresa", por critério de faturamento, é possível que os titulares pensem que somente grandes corporações podem planejar estrategicamente.

Contudo, perguntas como: "onde estamos?" e "aonde queremos chegar?" podem (e deveriam) ser feitas por todos que desejam melhorar seu negócio. A não ser que o titular já se encontre na situação desejada (ou na "zona de conforto" ideal) e não queira mudar, o que seria preocupante – pois esse é o ponto de partida para a estagnação do desenvolvimento, quando passam a ter um comportamento não inovativo, não adaptativo e não reagente ao ambiente/mercado, como adverte Paulo de Vasconcellos Filho.

Entretanto, se o titular quiser mudar, terá vários desafios a superar, pois, segundo Robert Kaplan e David Norton, se o líder não trabalha a estratégia, sua equipe também não entenderá a relevância de monitorar e orientar a serventia para um desempenho futuro, o que é chamado de "barreira da visão".

Seria possível estabelecer incentivos vinculados à estratégia, como por exemplo, baseados em metas de redução de despesas para motivar o comportamento dos colaboradores com bonificações meritocráticas (barreira humana).

Faz-se necessário que o líder também estabeleça a real importância da estratégia vinculando as "ações planejadas" com o orçamento do cartório (barreira dos recursos) para que elas não fiquem sempre subordinadas às preocupações operacionais de curto prazo, o que pode ser ratificado pelas respostas, uma vez que os entrevistados disseram **não** alocar recurso com antecedência.

E, por fim, superar a barreira gerencial, que se manifesta quando o titular se dedica a analisar o andamento do plano estratégico.

8. CONCLUSÃO

Como ponto de partida para esta pesquisa, algumas perguntas básicas surgiram:

- Como é realizada a administração dos cartórios no Brasil, especialmente diante do estigma de ser uma entidade fechada?
- Os titulares dos cartórios, notórios conhecedores do Direito, possuem noções básicas de Administração?
- Quantos cartórios conhecem a metodologia do BSC?
- Eles utilizam o BSC?
- Quais seriam as dificuldades encontradas?

No decorrer deste livro foram abordados os principais conceitos da Administração Estratégica, de forma básica e introdutória, com especial enfoque para:

- A gestão dos cartórios extrajudiciais do Estado de São Paulo, mas que evidentemente podem ser aplicados a qualquer cartório do país.
- Aqueles titulares que não tiveram contato com Administração de Empresas, mas se interessam por novas formas de conhecimento

e querem tomar decisões estratégicas baseadas em indicadores de desempenho.

Diferentemente das empresas normais de mercado, os cartórios não podem estipular preços, margem de lucro e repassar custos, e não têm renda fixa. Ou seja, são "empresas" com diferentes limitações, o que torna a Administração Estratégica ainda mais essencial para respaldar suas decisões administrativas.

As informações obtidas a partir da triangulação metodológica entre pesquisa qualitativa e quantitativa foram muito valiosas porque possibilitaram, nas entrevistas, o acesso a dados que mostram valores, características, atitudes e opiniões dos titulares, com detalhes informais e relevantes dificilmente alcançados com o enfoque quantitativo. Já nos questionários, foi possível mensurar opiniões, hábitos e atitudes por meio de uma amostra estatística que representa o universo pesquisado.

Alguns aspectos podem ser aprofundados em avaliação mais ampla do que a feita aqui. Como exemplos, podem ser mencionados:

- O tipo de monitoramento realizado pelos titulares (na pesquisa, não foi possível avaliar, por exemplo, o programa de informática utilizado ou a qualidade dos possíveis controles existentes).

- A real percepção dos clientes sobre o atendimento dos cartórios, a análise dessa informação e a sua influência na mudança de processos internos.

- O *benchmarking* de indicadores de cartórios para angariar mais informações tanto com os controles feitos pelos cartórios grandes quanto pelos cartórios pequenos, verificando o que funcionou melhor para cada um deles e, assim, estabelecendo o que seriam as "melhores práticas" administrativas para as serventias extrajudiciais.

Em função das respostas obtidas, tanto no estudo de casos quanto nos questionários, percebe-se claramente que o grande desafio é vencer a incredulidade dos titulares, formados em Direito, que, em sua grande maioria, poderiam buscar as melhores práticas administrativas, já que passam grande parte do seu dia atuando diretamente com isso.

A pesquisa realizada permitiu obter dados para:

1. Descrever o cenário atual sobre medição de desempenho em cartórios.

- A classe dos titulares de cartório foca, em primeiro lugar, nos aspectos financeiros. E, em segundo lugar, em minimizar as chances de cometer falhas e reduzir as chances de o titular ser penalizado civilmente por eventuais erros gerados na serventia que administra.

- Das quatro perspectivas do BSC (financeira, do cliente, dos procedimentos internos e das pessoas), a financeira é a mais fácil de ser criada e monitorada, e é aquela à qual os titulares dedicam maior empenho, muito embora não seja feita com ferramentas já utilizadas há décadas no mercado.

- Outra grande preocupação dos titulares é com os procedimentos internos (para minimizar as chances de serem responsabilizados, conforme mencionado), e é realmente um ponto muito importante, já que há essa "reserva de mercado" e o preço do serviço é "tabelado", o que os obriga a trabalhar com a máxima eficiência (menor gasto).

- Entretanto, a perspectiva do cliente (importantíssima no setor de serviços) e a de aprendizado e aprimoramento da gestão de pessoas (base para o bom desenvolvimento da unidade e a mais difícil, por lidar com seres humanos e suas motivações) ainda não ganharam muito peso na dimensão administrativa atual das serventias.

2. Apresentar os procedimentos para implantação do BSC no cartório, identificados no capítulo 4 (item 4.3), e como deve ser utilizada essa ferramenta nas empresas de pequeno porte (98% dos cartórios nacionais) (item 4.4).

3. Esclarecer possíveis limitações, prós e contras do BSC na realidade cartorária brasileira, quando detectado por meio das entrevistas e do questionário que, diferentemente dos empresários que exploram as oportunidades, **a grande maioria dos titulares é muito reticente aos conhecimentos já praticados pela área da Administração.** Seria necessário "vender" a ideia de que é possível administrar melhor, mesmo os pequenos cartórios, deixando claro que todo planejamento toma tempo e pede dedicação para que seja implantado e executado corretamente; o que não o torna contraproducente e burocrático, como mencionado em uma das

entrevistas. Assim é, pois, ao conhecer as informações, o titular estará em outro nível de gestão, e saberá ao menos qual decisão tomar. O pior cenário é aquele em que o responsável nem está ciente de que precisa fazer algo, e as tomadas de decisão são baseadas no "achismo", e no cronograma do "bombeiro" (sempre "apagando as urgências").

Nesse panorama, é importante e necessário que o titular estabeleça seu planejamento estratégico, para garantir sua sobrevivência financeira e lucratividade real. **O que foi ressaltado na pesquisa qualitativa e quantitativa é que, infelizmente, poucos sabem o que é planejamento estratégico, raros fazem o monitoramento por indicadores e somente alguns conhecem o BSC, muito embora ninguém o aplique.**

É inegável que minimizar despesas, manter a qualidade e mitigar a responsabilidade civil soam como Beethoven aos ouvidos dos titulares. Contudo, a metodologia do BSC já existe desde 1992, e a maioria dos cartórios ainda se vale dos tradicionais balancetes contábeis, ou seja, ainda não se deram conta da importância (administrativa e financeira) de avaliar ativos tangíveis e intangíveis **em conjunto**, mesmo que muitas empresas privadas e públicas, de pequeno, médio e grande porte, já o façam.

Todos os cartórios deveriam ter interesse em estabelecer planejamento estratégico, avaliar e medir desempenho, principalmente em tempos de crise (ou oportunidade).

Aqui se demonstrou que, apesar de as decisões estratégicas orientadas por indicadores impactarem diretamente no desempenho organizacional, infelizmente nenhum gestor utiliza o BSC como ferramenta de apoio para alcançar os objetivos da serventia.

O que determina o posicionamento do cartório em relação ao planejamento e monitoramento de desempenho é o perfil do titular da serventia, pois ele é cobrado na parte jurídica e financeira, mas não na administrativa. Em outras palavras, as melhorias são implantadas se consideradas relevantes pelo titular, e não necessariamente pela melhoria contínua da qualidade, embora o número de adeptos da norma ABNT 15.906/2010 e de inscritos para o PQTA – Prêmio de Qualidade Total da Anoreg venha crescendo.

O que poderia explicar a situação acima é que o cartório sofre apenas uma fiscalização por ano, a qual é direcionada para o passado e abrange a correção e conformação dos atos sob o ponto de vista das normas legais. A fiscalização jurídica é relacionada aos aspectos do "direito administrativo" e não da "ciência da administração".

Nessa fiscalização, o juiz faz uma validação, em regra pró-forma, baseada em um *checklist* padrão, pois (com exceções) ele mesmo não domina os detalhes operacionais da legislação do registro e do tabelionato. Embora seja certo que o titular tem autonomia no gerenciamento administrativo e financeiro da serventia (previsto no artigo 21 da Lei nº 8.935/94), tal prerrogativa, quando mal utilizada, não impede que o Poder Judiciário venha a adotar medidas cautelares no sentido de evitar que esse gerenciamento ineficaz e não apropriado continue produzindo maus resultados.

Como se vê, os titulares de cartórios têm a responsabilidade do gerenciamento administrativo, mas não têm supervisão específica e especializada para isso. Então, se o cartório tem uma reclamação feita diretamente pelo público, o juiz deve ser notificado e ele, normalmente, sabe menos sobre "gerenciamento administrativo" do que os próprios responsáveis pela delegação.

Nos difíceis concursos para atuação em serventias extrajudiciais são aprovados aqueles que conhecem muito de Direito, mas nem o Poder Judiciário, que elabora o edital e aplica as provas, presidindo o certame, nem o Estado se preocupam com os conhecimentos básicos de Administração, por parte do aprovado. Entretanto, atualmente, com tantas demandas que o Poder Público precisa enfrentar, essa seria a menor das preocupações, ficando a cargo dos próprios aprovados buscar maiores conhecimentos sobre gestão administrativa.

Enfatiza-se, portanto, que falta uma supervisão administrativa do setor, pois não há um órgão orientador e fiscalizador para a aplicação de medidas preventivas, nem para cobrar desempenho administrativo, principalmente relacionado aos ativos intangíveis (associados aos processos internos, de clientes e de aprendizado e crescimento), o que fica à mercê da maior ou menor preparação apurada de cada gestor.

O ideal seria atribuir à própria classe a incumbência de promover "auditorias administrativas" que validassem e aprimorassem o funcionamento e a sustentabilidade das serventias, com vistas a gerar valor futuro.

Não admira, portanto, que nos cartórios brasileiros, regidos em sua maioria por "não administradores", até hoje apenas o básico da contabilidade tradicional seja feito pela maioria dos titulares.

Pela pesquisa, foi constatado que os cartórios pequenos utilizam o "controle de cabeça", pois muitos atos são concentrados na mão do próprio titular. Por outro lado, nos cartórios de grande porte dificilmente passam 90% dos atos na mesa do responsável pela serventia, chegando apenas os problemas mais sérios, pois delegam aos substitutos o controle dos processos e da equipe de funcionários.

Itens como quantidade de atos por funcionário ou erros mais frequentes também são controlados informalmente pelos pequenos e médios cartórios, ou seja, não há estatísticas (histórico) e, consequentemente, não há padrões formalizados nem metas.

Os novos concursados já estão buscando métodos e técnicas administrativas, operacionais e organizacionais. O futuro é ter um mesmo critério de indicadores e de avaliação de desempenho para todas as serventias extrajudiciais. Cenário muito provável quando todos estiverem informatizados e os titulares também quiserem ter um controle efetivo da gestão.

Existem programas no mercado que fazem esse tipo de análise, mas para um cartório que não é de grande porte o custo pode não compensar. Porém, se fosse fácil criar e manter um painel de informações (*dashboard*) em uma única "vista", seria interessante implantar a alternativa. É possível realizar isso: basta procurar especialistas no assunto.

Os cartórios maiores, por conta do volume de documentos, prazos de entrega, procedimentos internos e quantidade de funcionários e clientes, precisam ter um fluxo administrativo mais detalhado e formalizado dentro de um organograma estruturado, sob pena de perder o controle da própria gestão.

Apesar de não ser utilizado, é, sim, **possível aplicar o BSC para mensurar os indicadores de desempenho dos cartórios (pequeno, médio e grande porte), conforme quadro 2 disposto no item 4.2: Exemplos de indicadores do BSC para cartórios**.

Para os pequenos cartórios, essa aplicação seria feita da mesma forma que utilizada em pequenas empresas: começando por uma parte da organização para então se obter confiança e experiência e, com o tempo, expandir o plano em cascata para toda a unidade.

Utilizar uma ferramenta como o BSC é sem dúvida alguma ser diferente fazendo a diferença: para o cartório, para os funcionários e, em especial, para própria sociedade. Sobretudo para conhecer o seu negócio como um todo.

E aqui vale a reflexão:

"Quando compro uma ação, penso como se estivesse comprando uma empresa inteira, exatamente como se estivesse adquirindo uma loja. Se eu fosse comprar a loja, <u>**iria querer saber TUDO sobre ela**</u>" (frase de Warren Buffet, grifo meu).

BIBLIOGRAFIA

ALDAY, Herman. **O Planejamento Estratégico dentro do Conceito de Administração Estratégica**. Rev. FAE, Curitiba, v.3, n.2, p.9-16, maio/ago 2000. Disponível em: <http://www.fae.edu/publicacoes/pdf/revista_da_fae/fae_v3_n2/o_planejamento_estrategico.pdf>. Acesso em 30 set 2015.

ARPEN-SP. **História dos Cartórios**. Disponível em: <http://www.arpensp.org.br/principal/index.cfm?pagina_id=181>. Acesso em: 04 jul 2015.

_____. **Atividades Cartorárias**. Disponível em: <http://www.arpensp.org.br/principal/index.cfm?pagina_id=181>. Acesso em: 04 jul 2015.

ASSOCIAÇÃO BRASILEIRA DE NORMAS TÉCNICAS. **NBR 15.906/2010: Requisitos para Gestão Empresarial de Serviços Notariais ou de Registros**. Rio de Janeiro, 2010.

BALANCED SCORECARD INSTITUTE. **Balanced Scorecard Basics**. Disponível em: < http://balancedscorecard.org/Resources/About-the-Balanced-Scorecard>. Acesso em 20 out 2015.

BERNARDI, Talita. **Implantação do *Balanced Scorecard*: Estudo de Caso em uma Empresa Fornecedora de Sistemas de Limpeza de Caldeiras**. 2010. 127 p. Dissertação (Mestrado em Engenharia de Produção) – Faculdade de Engenharia, Arquitetura e Urbanismo, da Universidade Metodista de Piracicaba – UNIMEP, Santa Bárbara d'Oeste.

BERNARDI, T.; SILVA I.; BATOCCHIO A. **Roteiro para implantação de *Balanced Scorecard*: estudo de caso em pequena empresa**. Revista de Ciência & Tecnologia, v. 17, n. 33, p. 87-102, jan./jun., 2012.

BOECK, Cristina. **A Visão de Futuro como Ferramenta de Gestão**. 2005. 194 f. Dissertação (Mestrado em Engenharia da Produção). Centro de Tecnologia da Universidade Federal de Santa Maria. Rio Grande do Sul. Disponível em: <http://cascavel.ufsm.br/tede/tde_busca/arquivo.php?codArquivo=2828>. Acesso em: 11 out 2015.

BOSSIDY, L.; CHARAN, R. **Desafio: fazer acontecer, a disciplina de execução nos negócios**. 3ª ed. Rio de Janeiro: Negócio Editora, 2002.

BRASIL. Lei nº 8.935, de 18 de novembro de 1994. Regulamenta o art. 236 da Constituição Federal, dispondo sobre serviços notariais e de registro. (Lei dos cartórios). Disponível em: <http://www.planalto.gov.br/ccivil_03/leis/L8935.htm>. Acesso em 20 ago 2015.

BUFFET, W. **Warren Buffet em 250 frases**. Organizado por David Andrews. Rio de Janeiro: Best Seller, 2013.

CHIN, K. S.; LO, K. C.; LEUNG, J. P. F. **Development of user-satisfaction-based knowledge management performance measurement system with evidential reasoning approach**. Expert Systems with Applications, 2009

COMENTTO, 2015. **Calculadora de Amostra**. Disponível em:< http://comentto.com/blog/calculadora-amostral/>. Acesso em 27 out 2015.

CNBSP. **Emenda que agilizou o divórcio completa 6 anos**. Disponível em: < http://www.cnbsp.org.br/__inc/Download.php?f=X19Eb2N1bWVudG9zL1VwbG9hZF9Db250ZXVkby9hcnF1aXZcy9QcmVzc19SZWxlYXNlL2VtZW5kYTY2LnBkZg==.>. Acesso em: 10 jul 2017.

CNJ. Conselho Nacional da Justiça. **A produtividade das serventias extrajudiciais**. Disponível em: < http://www.cnj.jus.br/corregedoria/justica_aberta/? > Acesso em: 11 out 2016.

DRUCKER, Peter F. **A Introdução à Administração**. Rio de Janeiro: Elsevier, 1977.

FALCONI, Vicente. **O Verdadeiro Poder**. 2ª ed. Nova Lima: Indg, 2013.

FERRAZ, Patrícia André de Camargo. **Cartórios Extrajudiciais: O Que Você Precisa Saber.** Publicado no website Jota Info 05/07/2017. Disponível em: <http://www.cnbsp.org.br/index.php?pG=X19leGliZV9ub3RpY2lhcw%-3D%3D&in=MTQ3MjY%3D&filtro=1&Data#.WWbbOH3iNxY.facebook>. Acesso em: 10 jul 2017.

FREITAS, W. R. S.; JABBOUR, C. J. C. **Utilizando estudo de caso(s) como estratégia de pesquisa qualitativa: boas práticas e sugestões.** Estudo & Debate, Lajeado, v. 18, n. 2, p. 07-22, 2011.

GUEDES, Gabriel; MUNIZ, Raquel. **Balanced Scorecard e Gestão por Competências na Administração Pública.** Anais do II SINGEP e I S2IS – São Paulo – SP – Brasil – 07 e 08/11/2013.

HARRINGTON, J.H. **Business Process Improvement – The breakthrough strategy for total quality, productivity and competitiveness.** McGraw-Hill, 1991.

IBGE, 2015. **Estado de São Paulo em síntese.** Disponível em: <http://www.ibge.gov.br/estadosat/perfil.php?sigla=sp>. Acesso em 20 out 2015.

HITT Michael A.; IRELAND, R. Duane HOSKUNSON, Robert E. **Administração Estratégica.** São Paulo: Cengage Leraning: Thomson Learning, 2008.

KAPLAN, R. S.; NORTON, D. P. **A estratégia em ação: Balanced Scorecard.** 20ª ed. Rio de Janeiro: Elsevier, 1997.

_____. **Organização orientada para a estratégia: Como as empresas que adotam o balanced scorecard prosperam no novo ambiente de negócios.** 6ª ed. Rio de Janeiro: Campus, 2001.

_____. **Kaplan e Norton na prática.** Rio de Janeiro: Campus, 2004.

_____. **Execução Premium: Unindo os Pontos.** Revista HSM Management, n.74, ano 13, volume 3, maio-junho 2009, p. 106-113.

_____. **Mapas Estratégicos: Convertendo ativos intangíveis em resultados tangíveis.** 7ª ed. Rio de Janeiro: Elsevier, 2004.

KOTLER, Philip. **Administração de Marketing - Análise, Planejamento, Implementação e Controle.** São Paulo: Atlas, 1994.

Lei nº 15.432/2014. **Altera a Lei nº 11.331, de 2002, que dispõe sobre os emolumentos relativos aos atos praticados pelos serviços notariais e de registro.** Disponível em:< http://www.al.sp.gov.br/repositorio/legislacao/lei/2014/lei-15432-04.06.2014.html>. Acesso em: 20 out 2015.

LUIZARI, Larissa. **Repasses e Despesas: Para onde vai o dinheiro pago aos cartórios brasileiros?**, matéria de capa da Revista Cartórios com Você. Edição 8, ano 2 – maio a julho de 2017. Uma publicação Sinoreg-SP e Anoreg-SP. Disponível em: < https://issuu.com/jenniferanielle/docs/cart__rios_com_voc___08__1_/16>. Acesso em: 10 jul 2017.

MANZATO, Antonio J. e SANTOS, Adriana B. **A elaboração de questionários na pesquisa quantitativa.** Disponível em: <http://www.inf.ufsc.br/~verav/Ensino_2012_1/ELABORACAO_QUESTIONARIOS_PESQUISA_QUANTITATIVA.pdf>. Acesso em: 10 out 2015.

MIGALHAS, 2015. RODRIGUES, Marcelo. **Cartórios, atividade pública ou privada?** Disponível em: <http://www.migalhas.com.br/dePeso/16,-MI134823,101048-Cartorios+atividade+publica+ou+privada>. Acesso em: 04 set 2015.

MIGALHAS, 2014. **100 cartórios com maior arrecadação no Brasil nos últimos anos.** Disponível em: <http://www.migalhas.com.br/Quentes/17,MI194069,-51045-100+cartorios+com+maior+arrecadacao+no+Brasil+nos+ultimos+anos>. Acesso em: 10 out 2015.

MINTZBERG, Henry. **Os 5 Ps da Estratégia.** In: A formação do líder; QUINN, J. B. O Processo da estratégia. Leitura 1.2, p. 26-32. Porto Alegre: Bookman, 2001.

_____. **A criação artesanal da estratégia.** In MONTGOMERY, C.A. & PORTER, M.E. Estratégia: a busca da vantagem competitiva. Rio de Janeiro: Campus, 1998, p. 419-437.

_____. **O processo da estratégia: conceitos, contextos e casos selecionados**. 4ª ed. Porto Alegre: Bookman, 2005. 496 p.

NIVEN, Paul R. **Balanced Scorecard passo-a-passo: elevando o desempenho e mantendo resultados**. Rio de Janeiro: Qualitymark, 2005.

OLIVEIRA, D. P. R. **Planejamento estratégico: conceitos, metodologia e praticas**. 20ª ed. São Paulo: Atlas, 2004.

RAMPERSAD, H. K. **Scorecard para performance total: alinhando o capital humano com estratégia e ética empresarial**. Rio de Janeiro: Campus, 2004.

RIBEIRO, Isabel. **Planejamento Estratégico aplicado às MPE**. Fonte: Sebrae Bahia. 2010. Disponível em: <http://www.sebrae.com.br/sites/PortalSebrae/bis/Planejamento-estrat%C3%A9gico-aplicado-%C3%A0s-MPEs >. Acesso em: 29 set 2015.

SEBRAE. **Sobrevivência e Mortalidade das Empresas**. Publicado em Agosto 2012. Disponível em: <http://www.sebraesp.com.br/index.php/235-uncategorised/institucional/pesquisas-sobre-micro-e-pequenas-empresas-paulistas/mortalidade-das-empresas/10130-12-anos-de-monitoramento-da-sobrevivencia-e-mortalidade-de-empresas-ago-10>. Acesso em 25 out 2015.

SMALL BUSINESS SOLVER. **Benchmarking & Performance Management for Small Business**. 10 July 2013. Disponível em:< https://www.smallbusinesssolver.com/benchmarking-performance-management-for-small-business/>. Acesso em 20 out 2015.

TJ-SP. Tribunal de Justiça do Estado de São Paulo. **Cartilha Extrajudicial**. Disponível em:<http://www.tjsp.jus.br/download/corregedoria/pdf/cartilhaextrajudicial.pdf>. Acesso em: 04 jul 2015.

VASCONCELLOS, Paulo. **Planejamento estratégico**. Belo Horizonte: Fundação João Pinheiro, 1979. Disponível em: <http://www.fae.edu/publicacoes/pdf/revista_da_fae/fae_v3_n2/o_planejamento_estrategico.pdf>.

VAZ, LUCIO. **Pesquisa realizada pelo CNJ revela concentração de faturamento no eixo Rio-São Paulo. Publicado pelo jornal Correio Braziliense no dia 13 de abril de 2008. Disponível em: < http://www.recivil.com.br/noticias/noticias/imprimir/clipping%ADpesquisa%ADrealizada%ADpelo%ADcnj%ADrevela%ADconcentracao%ADde%ADfaturamento%ADno%ADeixo%ADrio%ADsao%ADpaulo.html>. Acesso em: 01 out 2015.

WRIGHT, Peter. **Administração estratégica: conceitos.** 1ª ed. 10ª reimpr. São Paulo: Atlas, 2009.

Rua Xavier Curado, 388 • Ipiranga - SP • 04210 100
Tel.: (11) 2063 7000 • Fax: (11) 2061 8709
rettec@rettec.com.br • www.rettec.com.br